IM PRESS

Елена Хьюс

ЕСЛИ БЫ Я БЫЛА СОБАКОЙ

БОСТОН • 2021 • ЧИКАГО

ELENA HUGHES

IF I WERE
A DOG

BOSTON • 2021 • CHICAGO

Елена Хьюс   Если бы я была собакой
Elena Hughes   If I Were A Dog
Translated and edited by Robert Protosevich

ISBN 978-1950319695

Library of Congress Control Number: 2021949932

Published by M•Graphics | Boston, MA
⬜ www.mgraphics-books.com
✉ mgraphics.books@gmail.com

In Cooperation with Bagriy & Company | Chicago, IL
⬜ www.bagriycompany.com
✉ printbookru@gmail.com

Книга публикуется в авторской редакции.

Book Design © 2021 by Yulia Tymoshenko
Cover Design and Illustrations © 2021 by Hanna Pylypenko

Printed in the United States of America

ЕСЛИ БЫ Я БЫЛА СОБАКОЙ

Елена Хьюс

IF I WERE A DOG

Elena Hughes

Содержание

Contents

ЕСЛИ БЫ Я БЫЛА СОБАКОЙ

*Посвящается
Варе и Питу*

Предисловие

Bсе представленные в книге короткие рассказы посвящены собакам, с которыми я имела возможность познакомиться и оказаться поблизости.

За двадцать пять лет жизни в Америке я убедилась, как их здесь холят и лелеют, предоставляя лучшие условия жизни в домах и окружая огромным вниманием даже в приютах. К ним относятся как к полноправным членам семьи и балуют как собственных детей. Единственное, в чём часто ущемляют их права, — это принуждение к хирургической операции в раннем возрасте, лишая возможности обзавестись потомством. Во всём остальном собакам можно только позавидовать: их сытая и довольная жизнь протекает продолжительно и интересно.

За некоторыми из них мне удалось «подсмотреть» и вдоволь повеселиться, оказавшись в собачьей компании. У них, как и у людей, поведение может оказаться весьма непредсказуемым и комичным…

Глава 1

Джонни и Дейзи

Чем старше мы становимся, тем больше отдаляются даже самые яркие события детства. Именно в детстве всё кажется большим и важным, а также самым необычным и неповторимым.

Наш дом из семи подъездов в самом центре Новосибирска был населён разными, в основном семейными людьми, многие из которых были по-своему известны и знамениты. Среди них жили композиторы, киноактёры, директора заводов, кинотеатров, научно-исследовательских институтов и городского аптекоуправления, театральные артисты, пилоты пассажирских самолётов, врачи, генералы и прочие жильцы самых важных и престижных профессий. Людей попроще (учителей, инженеров, заводских рабочих и рядовых сотрудников разных ведомств) было мало, поэтому всё внимание было вокруг важных и знатных жильцов.

Поскольку дом соседствовал с консерваторией имени Глинки, где долгое время преподавала моя мама, то, естественно, в нём жили не только композиторы, но также музыканты и преподаватели музыки. Как раз над нами располагалась квартира четы Пеккеров: профессора консерватории по классу виолончели и его солидного вида жены-домохозяйки. По вечерам до нас сверху доносилась заунывная монотонная музыка из-под медленно скользящего по струнам смычка. Профессор Пеккер отрабатывал свою технику игры, а мы вынуждены были подстраиваться под меланхолическое настроение его звучащего как пила инструмента.

Но так было не всегда. В выходные дни к их подъезду подгоняли большую сверкающую машину «Победа» — шикарный по тем временам автомобиль, который позволить себе приобрести могла лишь городская элита. Таких машин в Новосибирске было всего две или три. Мы, дети, любили её рассматривать, заглядывая внутрь, до тех пор, пока из подъезда не выходила важная дама — мадам Пеккер — и не располагалась на заднем сиденьи, устланном леопардовой шкурой. Вместе с хозяином в машину запрыгивала их упитанная мохнатая собачка-болонка бело-кремового цвета и сразу же занимала пассажирское место. Её на наших глазах трепали по загривку и целовали в нос и только после этого заводили мотор и двигались с места. Обласканную постоянным вниманием собачку звали Джонни, но мы, дети, называли её на свой манер — Джонкой.

Обычно её выгуливал сам хозяин, но иногда это делал его помощник из числа молодых студентов консерватории, живущих в соседнем с нашим домом общежитии. Помню, как все мы по-детски завидовали Джонке, которого хозяева

13

баловали разными деликатесами, уговария сесть в машину. Его заманивали ароматной колбасой, крабами и рыбой — продуктами, о которых многие в то время только мечтали. Джонка всю эту еду бесстыдно уминал на наших глазах, а мы с интересом за этим наблюдали. В наши детские годы, когда даже за хлебом приходилось стоять в длинных очередях, а на ужин почти ежедневно довольствоваться варёной или жареной картошкой, подобное зрелище просто завораживало. У профессора Пеккера в Нью-Йорке жил старший брат, в гостях у которого он однажды побывал, и после этого делился подробностями гастрономического разнообразия в доме своего американского родственника. Видимо, таким образом он оправдывал чревоугодие своей собаки.

Джонку мы всегда дразнили, потому что он был злобной собакой и всё время скалил зубы и заливался лаем, когда мы к нему приближались. И хотя на вид пёс был очень привлекательным и ухоженным, все убедились, что внешность может быть обманчивой.

В нашем доме жила ещё одна собака, искренне обласканная нашим детским вниманием. Хозяином красивого дога дымчатого цвета был не менее красивый молодой мужчина — артист Новосибирского ТЮЗа Вадим Наймушин. Мы все с восхищением наблюдали, когда он прогуливался по двору в сторону сквера со своей грациозной молодой Дейзи. Откровенно любуясь этой собакой, мы удостаивались разрешения её погладить и были очень горды и счастливы дотронуться до её бархатистой шеи и гладких боков. Оставалось только гадать: как в небольшой городской квартире могли соседствовать такое крупное животное, её хозяин и две взрослые женщины, одной из которых была мать Вадима, а другой — старшая сестра-стюардесса?

Только один-единственный раз мы наблюдали Дейзи взбудораженной и нервно лающей. Было это в тёмное время суток рядом со сквером, куда выходило одно из окон родительской комнаты. Большая площадь рядом со сквером и Водным институтом (НИИВТом), обращённым фасадом к чугунному памятнику Ленина, всегда использовалась для всякого рода городских торжественных мероприятий, особенно в канун или во время главных советских праздников. В годовщину Октябрьской революции обычно устраивались многолюдные митинги с факельным шествием. Длинная колонна людей беспрерывным потоком медленно проходила вдоль сквера с зажжёнными в темноте факелами. Мы с родителями зачарованно наблюдали за этим из окна. А Дейзи со своим хозяином, видимо, только что успели пересечь перед этой колонной дорогу назад домой к нашему двору. Собака очень разнервничалась, оказавшись вблизи огромной толпы людей с пылающими факелами. Шествие многотысячной колонны нарастало и сопровождалось громким заунывным пением угрюмых людей. Их песни звучали зловеще: «…Долго в цепях нас держали, долго нас голод томил. Чёрные дни миновали, час искупленья пробил». Как только колонна свернула за угол нашего дома, поющие голоса отдалились. Но тут же зашлась в громком продолжительном лае Дейзи, которой, наверное, не понравилось затянувшееся действие. Шествие продолжалось. На этот раз всё отчётливее стали слышны протяжные голоса зазвучавшей по-иному, более скорбно, песни: «Замучен тяжёлой неволей, ты славною смертью почил… В борьбе за народное дело ты голову честно сложил…».

Всё это происходило в моём далёком детстве, когда собакам почему-то присваивались клички в виде милых англоязычных имён.

Глава 2

Тишка

Почти всю свою жизнь, начиная с подросткового возраста, я мечтала о собаке. Но поскольку мы с родителями жили в обычной городской квартире, обсуждение вопроса о собаке просто исключалось. Мои самые первые мольбы о её приобретении были встречены категорическим «нет». И это понятно: оба родителя были заняты на преподавательской работе. В нашей двухкомнатной квартире с просторной кухней, длинным коридором и вместительной прихожей постоянно толпились гости. Они были в основном из числа соседей и наших со старшей сестрой Ольгой подруг-одноклассниц.

Время от времени приезжали многочисленные родственники по папиной линии, которые задерживались на долгие месяцы. Мой папа постоянно проявлял заботу не только о своих шести младших братьях и сёстрах, но также и о случайных знакомых, которых приводил домой для разъяснительных бесед и напутствий с дальнейшим определением на учёбу и работу. Конечно же, в такой тесноте любой собаке, даже самой маленькой, места просто бы не хватило.

И всё-таки я продолжала вынашивать свою мечту о приобретении щенка не только в детстве и юности, но уже и повзрослев.

Стремясь быстрее начать свою самостоятельную жизнь и выражая протест многочисленным взрослым запретам своих чрезмерно строгих родителей, я очень рано вышла замуж и уже в девятнадцать лет переехала в огромную по тем временам трёхкомнатную квартиру своего будущего мужа Саши. Поскольку все три с половиной года своего официального замужества я совмещала исполнение роли молодой жены с учёбой на дневном отделении в институте, ночной работой в детской инфекционной больнице и активной общественной работой в учебном заведении, то как-то незаметно упустила момент своего семейного кризиса. Мой красавец муж был на четыре года меня старше, вёл привычный для себя праздный образ жизни молодого холостяка и совсем не собирался его менять в угоду моим претензиям и требованиям.

Развод с ним мне дался очень болезненно, потому что был опротестован и не воспринят всерьёз. Судебная процедура после восьми месяцев моего упрямого ожидания стала для Александра неприятной неожиданностью, потому что он был уверен в моей быстрой отходчивости. Но этого не случилось. Я была непреклонна во время судебного слушания, когда нам были предложены три месяца для обдумывания окончательного решения. При выходе из зала суда вместо предвкушаемого ликования по случаю победного исхода наступило полное душевное опустошение. Мы решили отметить наш судебный развод походом в кинотеатр на дневной сеанс нового фильма «Единственная» с Еленой Прокловой, Владимиром Высоцким и Валерием Золотухиным, занятыми в главных ролях. Этот фильм оказался таким жизненным и кое-чем так перекликался с нашей историей, что расстроил нас обоих. Показная бравада закончилась слезами и долговременной подавленностью.

Разъехавшись, мы договорились о встрече в Сашиной квартире для дальнейшего мирного раздела имущества. Когда, созвонившись, я приехала к нему поздней весной, бывший муж открыл мне дверь, пребывая в радостном возбуждении. Пока я ждала в прихожей, он суетился в дальней комнате и постоянно что-то еле слышно и неразборчиво приговаривал. Наконец Саша вышел ко мне навстречу и, вынув из-за пазухи большой белый пушистый комок, протянул его мне со словами: «Позавчера я мылся в ванной и по ошибке использовал это вместо мочалки, сильно намылив». Не знаю, насколько правдивы были его слова, но протянутый мне тёплый комок издавал слабый жалобный писк и оказался трогательным новорождённым щенком болонки. Подарив его мне в качестве сувенира-напоминания о бывшей супружеской жизни, Александр прекратил со мной всякое личное общение. Лишь изредка он изливал свою душу по телефону, набирая номер родительской квартиры, куда я от него переехала в ожидании раздела общей жилплощади. Крохотный щенок, которого он назвал Тишкой, стал для меня настоящим утешением, когда я, переживая развод, постоянно плакала, осознавая добровольную потерю своего горячо любимого мужа, с изменами которого не смогла смириться.

Между тем Тишка подрастал и радовал меня своей компанией, умиляя трогательным видом и готовностью исполнять команды, которым быстро научился.

Как правило, маленькие собачки имеют обыкновение заходиться громким лаем, но Тишка старался меня не огорчать и делал это лишь эпизодически и по существу. И что удивительно, он очаровал мою маму — противницу любых собак, демонстрируя свои кротость и ласку. Родители в то время стали жить в более просторной трёхкомнатной крупногабаритной квартире, где у меня была своя отдельная комната. Я уже жила отдельно от них, но часто приезжала в гости и оставалась на ночь.

В начале лета к родителям приехали погостить моя сестра Ольга со своей маленькой дочкой, моей племянницей Оксаной. Они прилетели из далёкого Владикавказа (в то время города Орджоникидзе) и остановились в родительской квартире. Оксане было тогда около шести лет. Она с радостью потянулась к «живой игрушке» и постоянно возилась на полу с моей собачкой. Похоже, им обоим доставляло удовольствие играть и находиться в компании друг друга.

Когда наступило время возвращения моих родных на Северный Кавказ, было решено, что папа повезёт нас всех в аэропорт на своей машине. Для этого я осталась в квартире родителей и провела ночь в просторной спальне с двумя кроватями, между которыми было предостаточно места, чтобы поставить третью. Я улеглась на раскладушке и ближе к полуночи, предварительно погуляв на улице с Тишкой, присоединилась к компании расположившихся на ночлег маме, Ольге и Оксане. Папа отправился спать раньше всех и уже похрапывал в дальней комнате. Тишка послушно улёгся на коврике за порогом спальни в длинном коридоре, поэтому широкую двустворчатую дверь в неё я оставила открытой.

В полной ночной темноте все быстро погрузились в сон. Наверное, спала я действительно крепко, потому что только громкие голоса мамы и сестры Ольги сумели меня пробудить. Я открыла глаза от нарастающего хохота. В нашей тёмной спальне мы все отчётливо услышали явное громкое чавканье, которое было таким звонким и смачным, что заставило нас гадать: что же это такое и откуда доносится. Происходило это где-то совсем рядом и потому звучало очень комично. Чавканье раздавалось то слева, то справа. Звук перемещался от кровати Ольги к маме и обратно. И только когда он послышался в непосредственной близости от меня, я поняла, что это проделывает Тишка.

Оказалось, что маленькая Оксана по настоянию своих мамы и бабушки вынула изо рта жвачку, с которой никак не хотела расставаться, и послушно отдала в руки моей мамы. Мама завернула её в обёртку из фольги и заботливо оставила на подзеркальнике трельяжа, пообещав отдать утром. Когда мы все уснули, вездесущий Тишка зашёл в спальню и слизнул незнакомое ему лакомство со вкусом клубники, которое приклеилось к зубам и никак не отлипало. Пришлось включить свет и залезть к нему в пасть, чтобы помочь избавиться от затянувшегося, развлекающего всех нас, громкого жевания, обернувшегося недоразумением. Я рада тому, что вовремя оказалась рядом и что это закончилось столь невинно и не привело к трагической развязке.

Тишке уже пошёл второй год, а я никак не могла свыкнуться с мыслью, что мой щенок вырос и стал проявлять повадки взрослой собаки. Знакомые обратили моё внимание на то, что, оказавшись на улице для прогулки, Тишка справляет нужду не как положено молодому кобелю, задрав заднюю лапу, а присаживается на корточки. Я по своей наивности разуверяла тех, кто мне на это указывал, и упрямо твердила, что собаки это делают по-разному. Мне и в голову не приходило усомниться в том, что подаренный щенок Тишка мог оказаться девочкой. Догадки подтвердились через полгода, когда после дружеского общения с себе подобным «товарищем» — такой же породы питомцем моего нового знакомого — у моей собачки наметились свои щенки. Открытие стало настоящим шоком, но не ослабило любви и привязанности к моей самой первой в жизни собаке, которую всегда буду вспоминать с благодарностью и улыбкой.

Глава 3

Пианино, коза и собака

Ах, это Чёрное море! Летом все россияне так хотят поехать к нему и стремятся попасть в самый пик сезона. Это сейчас стало возможным посещать любое побережье дальних зарубежных стран, ориентируясь на собственный бюджет. А в конце семидесятых прошлого столетия для всех советских людей с гарантированным месячным отпуском поездка к тёплому морю была своего рода традицией и единственной возможностью понежиться на жарком южном солнце и поплескаться в чистой солёной воде.

Моя подружка сагитировала меня поехать с ней в Крым «дикарём» — самым доступным и распространённым тогда способом организации отдыха в южных приморских городах. Основная часть населения страны в то время пользовалась поездами. Мы сделали то же самое и провели в дороге долгих три ночи. Пока добирались до нужного места с пересадками на автобусах, долго гадали и думали, куда именно податься. Обе в силу молодости были легки на подъём и поэтому решили долго не обсуждать, куда направиться в первую очередь.

На привокзальной площади Феодосии на автобусной остановке уже кружили десятки местных жителей, ожидающих пассажиров, и бойко предлагали устроиться к ним на ночлег в свои дома. Женщина в платке предложила нам с подружкой комнату на двоих всего за 10 рублей в сутки. Стандартная студенческая стипендия в институте в то время была 25 рублей в месяц. Я хоть и получала несколько семестров повышенную, но без родительской летней финансовой помощи вряд ли бы накопила сама необходимую для поезки сумму. Согласившись на предложение, мы понимали, что покупаем «кота в мешке» и потому решились лишь на недельное проживание, о чём сразу и объявили хозяйке.

От дома до моря было около километра пешком, но даже это казалось нам удачей. Жилищные условия для постояльцев были явно неравными. Кто-то успел занять первый этаж двухэтажного деревянного дома. Кому-то достался чердак с приставной лестницей наверх со стороны фасада. Закрытая занавесками терраса была занята семьёй с детьми. Нас направили в деревянный сарай с картонной перегородкой посередине помещения. Она служила стеной для разделения сарая на две комнаты. В нашей стояли две металлические раскладушки с тонкими матрасами на них. Отдыхающих в доме оказалось пятнадцать человек, не считая детей. Всем нам явно повезло не остаться без крыши над головой. Гостиниц в то время было очень мало, особенно в небольших провинциальных городах и немногие знали об их существовании, а тем более адресах: интернета тогда ещё не было и в помине.

Слушая доносившиеся отовсюду голоса и другие звуки из соседних гостевых комнат, мы всё-таки умудрились заснуть и немного отдохнуть за ночь.

Позавтракав в ближайшей столовой, мы двинулись на пляж и там на деревянных лежаках сумели и вздремнуть, и немного сгореть, но самое главное — до исступления накупаться и испытать при этом такое блаженство, что никакие несовершенные условия размещения уже не могли испортить нашего радостного настроения в самом начале каникул.

На следующий день после возвращения с пляжа мы переоделись и решили посмотреть окрестности. Перед отъездом заботливые родители снабдили меня адресом маминой студентки из Новосибирской консерватории. Они с мужем каждое лето приезжали к родителям в Феодосию и проводили в небольшом семейном доме свои летние каникулы. Мы решили полюбопытствовать, как выглядит дом, и отправились его искать. Зная о том, что студентка-старшекурсница училась на фортепианном отделении, дом на окраине было нетрудно обнаружить по большому навесу, под которым стояло видавшее виды старое чёрное пианино. К его ножке была привязана длинная толстая верёвка. А на верёвке — симпатичная белая коза. Она спокойно паслась на своей территории, время от времени пощипывая траву. Ближе ко входу в дом стояла будка с тёмно-серой собакой на цепи. Собака спала рядом со своим домиком, уткнувшись носом в землю. Похоже, оба домашних животных мирно соседствовали друг с другом и соблюдали своё пространство.

Мы не стали подходить к забору на близком расстоянии, чтобы не нарушать увиденную идиллию и не тревожить обитателей необычного дома.

Пианино, коза и собака... Кто бы мог такое подумать! Оказалось, Надя ежедневно нуждалась в практике игры на фортепиано, её мама — в козьем молоке. А собака была просто необходима для компании, а заодно и охраны дома, когда каникулы заканчивались, в курортном городе наступал «мёртвый сезон», и женщина оставалась одна.

Мы ещё много дней провели в ближайшем к Феодосии курортном посёлке Планерское (Коктебель), побывали в горах, вдыхая запах горного разнотравья, и открыли для себя страну голубых вершин и синего моря, где некогда любила отдыхать на дачах российская богема. Но вернувшись домой, в первую очередь рассказывали всем о своём самом ярком впечатлении, а именно: о доме, где соседствовали пианино, коза и собака.

Глава 4

Ригель

В далёком 1980 году любая собственная однокомнатная квартира в центральной части города считалась завидным приобретением, поскольку в стране ещё не появилась приватизация для осуществления купли-продажи жилья. Жила я в ней одна и поэтому обставила по своему вкусу, уделив немало внимания небольшой прихожей с тамбуром. Поскольку я любила постоянно слушать популярную музыку, под которую не только танцевала диско, но и выполняла многие виды домашних работ, для чего включала её на большую громкость, то решила сделать качественную обивку входной двери для лучшей звукоизоляции. Это сейчас повсюду используются лёгкие синтетические материалы на основе объёмного поливинила. Тогда же это был тяжёлый рыхлый ватин. Даже зимние пальто и шубы прослаивали ватином и виниловая обшивка любой входной двери это безусловно предполагала.

Приятель Мартин, живший в доме по соседству, с гордостью представил мне своего крупного размера подросшего щенка породы ризеншнауцер. Он специально летал за своей собакой в Германию, где таких животных растили и дрессировали, нехотя продавая иностранцам для вывоза за границу. Щенок стал взрослеть и постепенно приобрёл несколько устрашающий вид за счёт своего размера и динамичного поведения. При этом он был очень элегантным и ухоженным, и все засматривались на иссиня-чёрную, слегка вьющуюся, блестящую собачью волосяную шубу.

Оказалось, что двумя такими же подросшими щенками владели младший брат Мартина и его украинский друг Рома.

В разгар лета в Новосибирске может стоять по-настоящему жаркая, засушливая погода. Когда мы встретились во дворе в компании всех трёх красавиц-собак, Мартин познакомил меня с хозяином Ригеля Ромой, который внешне очень напоминал любимого мной солиста польского ансамбля «Червоны гитары» Северина Краевского. Рома был приезжим и по пути из Германии остановился погостить у двоих братьев в их квартире. Выяснилось, что собаки не очень ладили между собой, потому что две из них были молодыми кобелями. Мы с Ромой решили подняться ко мне в квартиру за водой и принести её в большом ведре, чтобы дать собакам напиться. Новый знакомый вызвался мне помочь с тяжёлым ведром и заодно удовлетворить своё любопытство в осмотре моей квартиры.

Мы быстро наполнили ведро проточной холодной водой и поспешили к нетерпеливо ожидающим нас на жаркой улице животным.

В момент моего знакомства со всеми представленными собаками я уже почти наполовину ощущала себя москвичкой, потому что проводила там длительное время в постоянных командировках по своей работе. Рома узнал о моём частом отсутствии и предусмотрительно предложил присматривать за моей квартирой за умеренную плату и, разумеется, с намерением пожить там со своей собакой. Моим условием было лишь временное проживание и немедленное освобождение её от чьего-либо присутствия в момент возвращения домой из Москвы.

Вернувшись осенью в Новосибирск, я отметила, как вырос и похорошел Ригель и даже была удостоена чести погулять с ним по улице в сопровождении хозяина, наблюдая восторженные взгляды прохожих.

Окружённая всеобщим вниманием собака оказалась своенравной и ревнивой. Когда бы мы ни прогуливали её на поводке, Ригель неизменно переходил от хозяина направо и занимал другую от него сторону, становясь посередине между нами.

Стоило нам лишь один раз отлучиться из дома без него для совместного похода в кино, как Ригель немедленно продемонстрировал свою собачью ревность. Когда по возвращении я открыла дверь своей квартиры (ключи в присутствии собак такой породы просто не требуются, поэтому в Германии их использовали в полицейских участках и при ночной охране подвальных помещений гостиниц и важных административных зданий), то обратила внимание на полную тишину. Ригеля нигде не было видно, он почему-то не спешил к нам радостно навстречу, хотя делал это регулярно, если мы приходили в квартиру поодиночке.

Мы вошли в тамбур и обомлели: вся внутренняя сторона двери была варварски обгрызена. Безжалостно растерзанные обрывки дверной обшивки валялись по всей квартире и особенно на кухне, где грозного вида собака с настоящим зверским видом остервенело жевала большие куски ватина.

Приблизиться к разгневанному животному было небезопасно, поэтому мы на время смиренно отступили, терпеливо дожидаясь конца вакханалии.

Таков был реванш ревнивой собаки, которая после этого перестала быть моей любимой породой.

Уже через два месяца, подгоняемая служебными обстоятельствами, я переехала в Москву, а свою квартиру вместе с большим чёрным пианино и велосипедом на балконе вынуждена была спешно подарить городской администрации за неимением возможности продать.

Глава 5

Звериный аппетит, или Зачем собаке деньги?

Всем известно, что собаки не могут устоять перед аппетитно пахнущей едой: настолько силён их животный инстинкт. Тем более, не стоит дразнить домашнее животное выставленным в близкой для него доступности блюдом.

Помню, как я старательно сервировала стол для праздничного ужина на двоих, когда мы с Робертом жили в большом посольском доме в Москве. Начала я с закусок, которые аккуратно разложила по красивым тарелкам и, дожидаясь готовности горячих блюд, отправилась вверх по ступенькам на третий этаж, чтобы позвать к столу Роберта. Пока я вела с ним переговоры и просила поторопиться с появлением к ужину, на втором этаже за закрытой дверью просторной кухни раздался грохот. Спустившись туда, мы успели заметить метнувшихся в разные стороны собак: Пит побежал по летнице вниз, а Варя пронеслась мимо нас в гостиную и спряталась там за диваном и креслами. Было очевидно, что наши питомцы в чём-то сильно провинились и удирали в попытке избежать неминуемого наказания.

Наш ужин пришлось отложить на более позднее время из-за устроенного на кухне полного беспорядка. Более «зрелый» и опытный Пит выступил зачинщиком. Он стянул с высокого круглого дубового стола скатерть с выставленными там блюдами и тарелками, которые вместе со скатертью рухнули на пол, опрокинулись и разбились. Собакам было так удобнее отведать всё подряд. Удивительно, что они не побрезговали ни салатом, ни винегретом, ни селёдкой с чёрным ржаным хлебом, луком и квашеной капустой. Были бы умнее и терпеливее — дождались бы основного горячего блюда. В тот вечер это были мясные голубцы.

Мы с Робертом злорадствовали, ожидая часа расплаты. Поскольку именно Пит славился своим вероломством и везде проявлял инициативу, то и пострадал после ужина в основном именно он. Расстройство желудка с сильнейшим поносом заставило его страдать весь следующий день. Мы только успевали распахивать для него дверь задней террасы, куда он носился вихрем каждые полчаса. Всё же человеческая еда не всегда подходит собакам.

С непреодолимым к еде инстинктом урок всё-таки был по-своему усвоен. Но до этого случая из-за своего необузданного любопытства сумела отличиться Варя. Моя собака тогда ещё привольно жила в доме с огромным лесным участком и допускалась в нашем присутствии гулять по огромной гостиной, попадая туда из своей каминной комнаты рядом с гаражом. В один из вечеров произошло нечто совершенно неожиданное и не совсем типичное для собачьего поведения.

Возможно, подобное случалось и в других домах, но я об этом никогда не слышала.

Варя в то время была ещё подрастающим малосмышлёным щенком. Ей только-только исполнился один год и она была несколько угловатой и не очень смелой. Но уже тогда она стала проявлять активное любопытство ко всему незнакомому и оставлять следы своих зубов на многих предметах мебели, невзирая на их антикварную ценность.

Роберт заезжал ко мне после сменной службы в Пентагоне и всегда в военной форме. Только в выходные дни нам удавалось полноценно провести вместе несколько часов, не следуя его военной дисциплине и никуда не торопясь. Но это время мы всегда распределяли между всеми членами семьи, тем более, что на момент расставания с женой его сыну Алексу было всего одиннадцать лет. А мне после смерти папы в Москве летом 2001 года пришлось очень часто летать к заболевшей маме, а позже перевезти её к себе в Америку на постоянное место жительства.

Поскольку новорождённую Варю мы приобрели вместе с Робертом, то он имел возможность, хоть и не регулярно, отмечать её взросление. Варя Роберта обожала и всячески демонстрировала ему свою радость при каждом появлении на пороге моего дома.

Так было и в тот памятный вечер, когда Роберт в очередной раз, закончив смену, ненадолго заехал ко мне по дороге домой, где его в одиночестве терпеливо ждал молодой Пит со специально регулярно включаемым для собаки телевизором.

Мы присели поговорить за низким квадратным журнальным столиком и когда вставали, Роберт выложил веером пять двадцатидолларовых денежных банкнот, оставив мне для покупок все сто долларов.

Я проводила его до входной двери и, не спеша, стала готовиться ко сну. Потом вспомнила, что забыла закрыть на ночь дверь в Варину комнату, чтобы не давать ей возможности гулять по всему дому среди ночи и спозаранку. Моя собака уже смирно лежала на своём диване, манерно скрестив передние лапы, и вела себя подозрительно тихо. Я погладила свою послушную девочку, закрыла дверь в её комнату и направилась к себе в спальню, минуя гостиную с намерением выключить там свет. Вспомнила, что на стеклянном столике меня ждали оставленные Робертом деньги. Вспомнить-то вспомнила, но денег нигде не обнаружила. В доме, кроме нас с Варей, никого не было. Я стала осматривать ковёр и мебель вокруг столика и только по маленькому зелёному бумажному уголку, лежащему на ковре ближе к пианино, наконец догадалась, что деньги были похищены. И совершила это похищение моя любимая собака!

Более явно это подтвердилось лишь на следующий день, когда на лужайке перед домом я обнаружила бесформенные следы её преступления. Отмывать и чистить те жалкие фрагменты денег было бессмысленно и невыносимо сложно. Так же, как и наказывать вороватую Варю за её уже совершённые хулиганские проделки, которые лишили меня покоя, а у неё вызвали явные физиологические неудобства. Но тем не менее, моя любимица чувствовала себя виноватой и постоянно заглядывала мне в глаза, улавливая моё настроение, вызванное недоумением и обидой.

Как оказалось, соблазн присвоения оставленных без присмотра денег может быть велик не только для людей…

Глава 6
Невинные забавы наших «детей»

Свою любимую собаку, шоколадного лабрадора, уже будучи взрослой и живя в Америке, я назвала русским именем и тем самым «очеловечила». Приобрела я её новорождённой и потому обращалась с ней как с маленьким ребёнком.

Когда моей Варе исполнилось четыре месяца, я решила начать её усиленно дрессировать. Я взялась за это с энтузиазмом и решительностью, потому что щенок подрастал и становился слишком независимым. Почувствовав полную свободу в передвижении по дому и на большой прилегающей к нему территории, осмелевшая малютка стала часто озорничать и не реагировать на мои порицания. Для начала я её познакомила с командами «сидеть», «лежать», «место», «рядом», «фу» и «апорт», на которые она охотно отзывалась, но своё сиюминутное послушание демонстрировала лишь для получения лакомства. Заглотив его, тут же срывалась с места и оказывалась у моих ног, дожидаясь следующей порции.

В центре нашего города есть очень заметное двухэтажное старое здание, о котором наслышаны многие владельцы собак. Это место по-настоящему уникально и даже снаружи выглядит оригинально и весьма привлекательно. Уже издалека на фасаде крупного строения, возведённого в середине прошлого века, можно увидеть яркие фрески с силуэтами разных пород лучших друзей человека и улыбнуться изобретательности дизайнеров и хозяев этого заведения. Историческое здание находится на тихой улице и коротком пешем расстоянии до нашей главной реки Потомак. На первом этаже расположен большой специализированный магазин, где все товары предназначены исключительно для собак, поэтому именно собаки там являются главными «покупателями». Хозяева заводят их туда на поводке, но питомцы сами тянут их к понравившейся полке. Многим удаётся прихватить с собой и унести в зубах не только косточки, печенье и другую еду, но также разные игрушки, ароматно пахнущие предметы гигиены и обуви-одежды. Смущённые хозяева собак вынуждены извиняться и возвращать взятое без спроса, но некоторые проказники остаются незамеченными и обнаружить прихваченное ими с собой удаётся лишь на улице или в машине.

Второй этаж со специально оборудованными помещениями отведён под залы для дрессировки. Но это скорее — школа для усваивания хороших манер, а не той методичной подготовки, которую проходят собаки служебных пород. С каждым подопечным здесь занимаются либо индивидуально, либо в небольших группах и, кроме всего прочего, обучают мирному общению с себе подобными. Это своего рода специализированный «детский сад» дневного содержания, куда собак (в основном щенячьего возраста) привозят с утра и забирают под вечер. Те владельцы, которые не могут найти для этого времени, пользуются услугами школьного транспорта. Ярко разукрашенные микроавтобусы следуют своему ежедневному маршруту и забирают каждого «новобранца» утром, а вечером уже развозят по домам тех, чьи хозяева задерживаются на работе и не могут сделать этого лично.

Своего «ребёнка» я привезла в этот «детский сад» самостоятельно, так что Варя не почувствовала никакого подвоха. Но вот когда я повела щенка на второй этаж, она вдруг воспротивилась и неожиданно обхватила передними лапами низко расположенные лестничные перила и стала отчаянно сопротивляться, пытаясь вырваться из ошейника. Я уловила её откровенное нежелание общаться с другими собаками и решила не мучить насильственно насаждаемыми методами воспитания. Просто договорилась с опытным инструктором о дрессировке в привычном для нас с ней месте с ежедневным посещением моего дома.

В итоге Варя настолько подружилась со своим молодым наставником, что мной овладела некоторая ревность. Девушка-профессионал спортивного и мужественного вида с удовольствием взялась учить моего подрастающего щенка командам на двух языках (русском и английском) и впоследствии сама проявила интерес к разучиванию новых иностранных слов.

Благодаря ей Варя стала воспитанной и послушной девочкой, вызывающей умиление у знакомых и прохожих на улице во время наших с ней прогулок.

С двумя зрелого возраста соседками, живущими в доме слева от моего, я всегда здоровалась, но не замечала ответного проявления особого дружелюбия ни по отношению к себе, ни к моему гостю Роберту, с которым познакомилась весной 2001-го года.

Елена Хьюс

Их дом располагался чуть выше, на холме, и служил образцом достойного содержания. Почти каждый день туда приезжали бригады уборщиков, садовников или техников, которые регулярно поддерживали порядок и улучшали внешний вид всего прилагаемого к дому участка. Каждую неделю там стригли траву и подравнивали кусты, а также меняли и чистили воду в большом открытом бассейне, где хозяйки очень часто плавали.

Я же довольствовалась глубоким джакузи на задней террасе своего старого дома, за которым старалась ухаживать самостоятельно и с благодарностью принимать помощь Роберта. В отличие от соседского, мой дом был небольшим, но зато имел огромную территорию с открытым выходом в лес и с глубоким ручьём, куда уже в годовалом возрасте Варя повадилась бегать в компании старшего по возрасту друга Пита — австралийской овчарки крутого нрава. Трёхлетний Пит приезжал ко мне в гости со своим хозяином Робертом и часто вёл себя бесцеремонно, выхватывая у Вари зажатую в зубах кость. Полученную в качестве угощения свою он при этом успевал быстро спрятать, закопав в клумбу с ирисами. Эта клумба со временем превратилась в потайной клад крупных лакомств, глубоко зарытых про запас предприимчивым псом. Но на Пита я не сердилась. С наступлением мая ирисы всё равно прорастали сквозь землю и образовывали роскошный многокрасочный цветочный ковёр. А Пит и так сам себя часто наказывал, убегая в лес и преследуя диких оленей, а потом возвращался назад со ссадинами на боках, когда стремительно проносился сквозь колючие кусты и заросли деревьев.

Самым неприятным было то, что Варя старалась повсюду за ним следовать, хотя и не так решительно. И хотя Пит подавал ей пример, как безоглядно кидаться вперёд, и научил громко лаять — тому, чего я долго и безуспешно добивалась, — солидарность наших двоих «сводных детей» очень часто заставляла волноваться. Собаки напару ненадолго пропадали из поля зрения, а потом где-то находили олений навоз и самозабвенно об него тёрлись своими загривками, перевернувшись на спину и задрав лапы. При этом и он, и она пребывали в экстазе, а нам потом приходилось с ними долго возиться, потому что маслянистый пахучий навоз накрепко прилипал к их шерсти. С огромными усилиями и с отвращением мы пытались их отмыть, но такая очистка происходила медленно даже при многократном намыливании.

Соседки-сожительницы часто жаловались на Пита, когда тот забегал на их территорию. Не могу сказать, что ему у них там нравилось. Он просто туда ненадолго заскакивал, видимо, из любопытства к новизне. Но женщины начинали кричать, каждый раз оповещая меня о его проступках, и приходилось извиняться и строжиться, порицая независимого «пасынка».

Как-то раз я сагитировала Роберта составить мне компанию и подойти к соседкам вместе с нашими собаками для извинений. Решено — сделано. Мы подозвали их к границе наших территорий, а когда те подошли, то, держа собак рядом и отдав им команду «сидеть», мы поочерёдно стали приносить свои извинения за нарушение покоя. Объяснили, что у Пита сильно развит охотничий инстинкт и что он — по сути пастух исходя из своей породы, а потому не может не реагировать на столь манящий запах жареного на открытом гриле мяса. Настороженных и недружелюбных Кэти и Мэри это оправдание не убедило и они, глядя на смиренно сидящего Пита, стали перечислять все свои на него жалобы. При этом они ставили в пример хорошо воспитанную Варю, которая не позволяла себе подобных выходок и была, по их мнению, тихой и милой собакой.

Когда задуманное перемирие было наконец достигнуто и мы с Робертом с удовлетворением, слегка улыбнувшись, каждый про себя отметили относительный прогресс в отношениях, то обнаружили внезапное исчезновение Вари. Соседки ещё продолжали свои комментарии, а мы одновременно метнули взгляд в левую сторону. Варю мы увидели очень сосредоточенной и всецело поглощённой своим занятием. С гордо поднятой головой она, по-видимому, осуществляла свою давнюю и долго вынашиваемую заветную мечту: размашисто ударяя лапами по поверхности воды, Варя плавала в чужом бассейне и делала это открыто и смело!

Были случаи и повеселее. Однажды мы привезли собак в большой лесной парк в надежде дать им вволю набегаться и самим побыть на природе вдали от дома и людей. И чтобы обезопасить себя от их возможного побега, мы привязали их между собой тонким гибким металлическим троссом пятиметровой длины. Расположились на поляне и были в полной уверенности, что Варя с Питом прилягут рядом, пока мы будем возиться с мангалом и готовить еду. Но не тут-то было! Оказавшись в одной связке, они просто вынуждены были всё делать синхронно. Пит рванулся вперёд, а Варя сначала этому воспротивилась и потому упала, но через минуту подстроилась под темп его бега; и они, как угорелые, стали носиться на пятиметровом расстоянии друг от друга по всей поляне огромными кругами. Поскольку обе собаки были довольно крупного размера, то для непосвящённых посторонних людей издалека выглядели необычно и пугающе. Видимо, поэтому, когда на поляну попыталась заехать ещё одна большая машина с несколькими пассажирами, те, завидев буйно ведущих себя собак в одной упряжке, передумали останавливаться и приняли решение развернуться и уехать восвояси.

Похоже, опыт вынужденного близкого сосуществования нашим питомцам удался и так понравился, что они решили его повторить, но уже добровольно, по своей инициативе. Получив себе в подарок на Рождество огромную длинную и увесистую кость, Варя ухватила её за один конец и потащила от порога дома к лужайке. Питу достался другой лакомый подарок, но ему захотелось заполучить именно этот. А потому он метнулся вслед за Варей и сжал в зубах второй конец толстой белой кости. Варя отказывалась выпускать из своей пасти новую съедобную игрушку, а Пит всем своим весом крупной австралийской овчарки продолжал налегать и тянул её на себя. Так они, не уступая друг другу, держа кость зубами с обоих концов, стали остервенело носиться по лужайке перед домом в надежде, что кто-то из них первым устанет от непрерывного бега. Но никто не хотел останавливаться. И только уши, особенно Пита, колыхались по ветру и свидетельствовали о том, что для них обоих это было некой забавой. Стало очевидно, что в итоге победила дружба!

Глава 7

Загадочная Италия

Свою двухнедельную поездку в Италию в далёком 2005 году я решила начать с Рима. Я прилетела туда из Вашингтона ещё засветло и в зале прилёта была встречена своей давней московской приятельницей Дашей. Её муж Чезаре поджидал нас в своей машине в самом конце открытого гаража, тем самым пытаясь сэкономить время поиска места парковки на неопределённый срок. Даша с Чезаре поженились ещё в 1995 году, поэтому Италия быстро стала для неё близко знакомой и хорошо понятной уже через несколько лет после переезда туда из Москвы.

Чезаре объявил, что дорога из аэропорта до их дома может занять около полутора часов и предложил сделать остановку в середине пути для раннего ужина. Пробыв в ресторане на открытом воздухе до захода солнца, мы продолжили свой путь в ближайший пригород Рима — Веллетри. В густой темноте, спустившейся на горную местность, можно было увидеть лишь мерцающие огни далеко расположенных друг от друга домов. Никаких размеченных дорог, а тем более уличных фонарей я там не заметила. Дорога к самому дому была неровной, узкой и круто поднималась вверх. Когда машина остановилась, мощные фары осветили внушительного размера трёхэтажный каменный дом с огромной огороженной территорией за его фасадом. Рой летающих светлячков и шумных цикад создавали иллюзию глубокой ночи, но было лишь только десять вечера — времени, когда у итальянцев сам вечер ещё обычно бывает в разгаре. В доме не проводились отделочные работы, поэтому шершавые каменные стены сохраняли прохладу и обеспечивали ощущение приятного комфорта. Хозяева выделили мне большую гостевую комнату со всеми удобствами рядом с ней и, пожелав спокойной ночи, удалились на свою территорию высокого просторного верхнего этажа.

Открыв деревянные жалюзи и распахнув окно комнаты, я вдоволь налюбовалась большими пушистыми звёздами чёрного южного неба и надышалась пьянящим, нагретым за день, горным воздухом, пропитанным запахом терпкого эвкалипта, душистого лавра и сладкого мирта. Всё это богатство росло в саду вперемежку с разросшимися ягодными кустами и плодовыми деревьями и было окружено низко свисавшими над головой виноградными лозами. Рассмотреть садовую растительность мне удалось поздним утром следующего дня во время проведённой экскурсии по дому и прилегающей к нему территории. Всё увиденное восхитило, потому что росло стихийно уже много лет и практически не требовало ухода. Хозяева лишь собирали урожай и время от времени расчищали пространство между деревьями и кустами, когда заросли начинали заслонять проход по саду.

За садом находилась небольшая каменная пристройка, в которой за умеренную плату на время сезонных работ селились гастарбайтеры из Молдавии и Румынии. За этим строением высился забор из металлических прутьев, а за ним — дорога, уводящая к одной из главных улиц, по которой раз в сорок минут появлялся уже почти целиком набитый людьми автобус. Он направлялся к конечной станции метро Рима. Один раз по приглашению Даши мне «повезло» в нём проделать весь далёкий утомительный маршрут до вечного города, где мы провели весь световой день. Автобусная давка и спёртый воздух во время часового пути следования на ногах чуть не довели меня до обморочного состояния. Единственным развлечением в пути была возможность слушать бойкую навязчивую речь группы молодых украинок, которые, приехав на заработки, регулярно совершали поездки в столицу Италии.

Я гостила в доме Даши и Чезаре всего три дня и только во вторую ночь сумела оценить все достоинства и разнообразие их местности. Среди ночи, как казалось, где-то вдали, на самой окраине посёлка, начали лаять собаки. Несколько минут спустя собачий лай приблизился и вылился в продолжительную громкую перекличку десятка голосов, рассосредоточенных по всей округе. Казалось, что это будет длиться бесконечно, но перекрёстные приветствия постепенно сошли на нет, и воцарилась полная тишина. Неожиданно эстафету вдруг решили подхватить две хозяйские собаки, которые на время отсутствия людей в пустующем одноэтажном каменном доме использовали его для охлаждения. Уже состарившиеся очень крупные Мара и Нира были не очень дружны между собой, но в этой ситуации решили проявить солидарность с сородичами и заявить о своём присутствии как можно громче.

Обычно их держали во дворе без всякой привязи, но эти две белые горные пиренейские бестии хоть и были ленивы и малоподвижны, но отличались необыкновенным упорством в осуществлении задуманного. Чезаре указал мне на две большие ямы, вырытые собаками в начале лета. Выяснилось, что они проделывали это регулярно и, похоже, находили удовольствие, занимаясь этим незаметно для хозяев. Так же незаметно они вдвоём ухитрились сделать глубокий подкоп к облюбованному одноэтажному дому — временному жилищу сезонных рабочих. Последний раз там жили молдаване, которые помогали соседям с ремонтом и приехали в Италию в надежде на хорошие заработки. Но Мара и Нира повели себя по-воровски и через подкоп к фундаменту смогли обеспечить себе доступ в дом. Когда мужчины отсутствовали, вероломные собаки проникали в их жилище и бессовестным образом разбрасывали по полу предварительно растерзанную одежду трудяг. Один раз они обнаружили свои рубашки скомканными на земле за пределами дома и пожаловались Чезаре. Из-за участившихся хулиганских выпадов собак пришлось изолировать и долго извиняться.

При мне этот дом пустовал. Видимо, Мара и Нира всё-таки надолго отпугнули селившихся там людей. Собаки явно скучали и нуждались в активной деятельности, а, может, просто тосковали по людям и соседству с ними.

Прежде чем поехать на встречу с другой московской приятельницей, которая была в составе жюри международного детского конкурса бальных танцев, проходившего в итальянской ривьере, я решила самостоятельно съездить на поезде во Флоренцию.

Поселившись в просторной комнате старинного трёхэтажного флорентийского дома с тяжёлой рельефной входной дверью на замке и рассматривая высокий синий потолок с причудливой средневековой лепниной, я стала строить планы на все три дня пребывания в этом уникальном городе. Перед тем, как совершить свою дальнюю пешую прогулку в музей «Уффици», я решила для начала позавтракать в уличном кафе на одной из центральных площадей.

Утро выдалось солнечным и жарким. Пока я завтракала и любовалась восхитительными красотами вокруг, жара заметно усилилась и стала меня подгонять отправиться по задуманному маршруту как можно быстрее. Поднимаясь из-за стола, я увидела небольшую компанию молодых людей в окружении собак. На площади высился красивый глубокий фонтан — своеобразный шедевр средневековой архитектуры. Фонтан бил мощными струями, низвергавшимися из скульптурного изваяния, и был настоящим украшением городской площади. Каково же было моё удивление, когда молодые люди запустили в него своих резвящихся собак и запрыгнули сами. И те, и другие получали видимое удовольствие от своих игр в воде и делали это продолжительное время. Туристы-зеваки, наблюдая это, стали спешно делать памятные снимки, потому что зрелище для них было непривычным: вызывающие восторг при обозрении уникальные средневековые строения вокруг и современные повадки жителей, для которых величие древнего города воспринималось лишь как повседневная обыденность. Кто-то любит глубоко погружаться в историю, а кто-то — окунаться в воду старинного фонтана.

Глава 8

Любимый город

Александрия — место, в котором я живу с 1996 года. По времени это совпало с моим приездом в Америку. Особое очарование имеет старая часть города с постройками восемнадцатого века, которые напоминают мне английский Оксфорд. Везде чувствуется британское присутствие, в чьих традициях город был основан в 1749 году. В середине пятидесятых восемнадцатого века он был штаб-квартирой британских войск и основным портом Вашингтона для международной торговли. Сейчас из-за нового веяния начали массово переименовываться улицы, школы и сноситься величавые монументы того времени, напоминающие о колониальной эпохе. Но исторический дух города, несмотря ни на что сохраняется, и Александрия продолжает очаровывать своей самобытностью и красотой. К его причалу на реке Потомак всё ещё время от времени приходят корабли с иностранными туристами, а мы, местные жители, с удовольствием гуляем по городским скверам и паркам и любуемся видами по обе стороны реки. На противоположном берегу простирается штат Мэриленд, а в отдалении, всего лишь в двенадцати километрах, открывается грандиозная панорама Вашингтона с Капитолием и высящимся в форме карандаша главным монументом столицы.

Наш город, пожалуй, — единственное место в целом огромном юго-восточном штате Вирджиния, где официально разрешено быть в компании собак внутри многих помещений. Послушные домашние животные составляют компанию своим хозяевам в аптеках, книжных и других непродовольственных магазинах, на почте, вокзале, в аэропорту, гостиницах и ресторанах. Официанты заботливо предлагают им миски с водой и со льдом, а консьержи в жилых домах специально держат у себя под рукой угощение в виде печенья и в форме косточек.

В собачьих парках, которые теперь устраиваются не только на земле, но и в высотных жилых домах, обласканные вниманием животные резвятся, а хозяева имеют возможность посидеть на лавочках, занять себя долгими разговорами по телефону и отвлечься на всевозможные занятия, не тревожась о своих питомцах и их безопасности.

Одна из центральных гостиниц старого города, «Холидей инн», до того как сменила множество хозяев и прошла несколько переименований, была самой известной среди владельцев собак. Она привлекала своим большим гостиным двором, где по пятницам собирался народ и располагался за столиками вместе со своими четвероногими членами семьи. Во дворе работал бар, играла музыка, и проводились разного рода тематические вечера. С наступлением темноты там зажигались огни, и проживающие гости могли из своих окон наблюдать за любопытными картинами происходящего.

Некоторые необычные вечера привлекали во двор жителей города, которые либо случайно узнавали от знакомых, либо были заранее проинформированы о предстоящем празднике и боялись его пропустить.

Мы с Робертом бывали там ежегодно. Самым большим развлечением было присутствовать на праздновании Хэллоуина. Мы приводили туда своих собак, но предпочитали наблюдать за другими и за их участием в призовых конкурсах. Давний сосед Стивка как-то даже дерзнул попросить мою Варю «напрокат» с большим желанием побывать на таком вечере и даже купил для моей собаки специальный прикид — тёмно-фиолетовую накидку на спину и на голову с рельефной паутиной поверх плотной ткани. Но Варя всё это немедленно с себя скинула и не захотела облачаться в нелепый наряд.

Мы заливались гомерическим смехом, наблюдая, как хозяева изощрялись изо всех сил воплотить в жизнь свои самые буйные фантазии, наряжая в немыслимые костюмы своих бедных собак и не встречая активного сопротивления с их стороны. Собаки их развлекали своим внешним видом и при этом не подозревали о своей шутовской роли.

Другой праздник, День труда, в Америке ежегодно отмечают в первый понедельник сентября, тем самым завершая летний сезон. Но лето на этом не заканчивается. Оно в Александрии может продолжаться до середины октября. Грустно, когда воздух прогревается до тридцати градусов по Цельсию и хочется поплавать в открытом бассейне во дворе своего дома или в жилом комплексе друзей, а они все подлежат официальному закрытию уже на следующий день. Двадцатилетние спасатели из числа приезжих студентов остаются без работы ещё на месяц, но не спешат возвращаться к себе домой в Болгарию, Хорватию, Украину и другие страны, где легко оформить визу в Америку на летний сезон и пройти аттестацию на физическую пригодность. Остаётся только порадоваться за владельцев собак, которые ждут окончания часов работы бассейна, чтобы воспользоваться короткой второй сменой и привести из дома своих счастливых питомцев для официально разрешённого купания в самом большом из открытых водоёмов комплекса у дома Роберта.

Мы приводили туда своих собак несколько лет подряд. Но Пит — австралийская овчарка и потому был равнодушен к воде. Правильнее сказать, он вообще её не любил и боялся. Варя была полной ему противоположностью. Для неё, шоколадного лабрадора, водная среда была раем. И неважно, был ли это ручей, океан или бассейн. Завидев воду, она неслась к ней издалека и поэтому в бассейне таких, как она, смельчаков насчитывалось около двадцати. Хозяева кидали им туда игрушки, которые они наперегонки выхватывали друг у друга зубами. Вокруг стояли шум и гвалт с беспорядочным неустанным движением на воде. Молодые спасатели развлекались, наблюдая непривычную для них картину происходящего, и терпеливо дожидались часа закрытия комплекса. Между тем, владельцы собак делились друг с другом радостными эмоциями и мечтали о том, чтобы этот праздник вновь повторился.

Глава 9

Свободолюбивые «европейцы»

Меня всегда привлекала Европа. Она очаровывала не только своей внешней красотой грандиозной архитектуры, культурным наследием, уникальной давней историей и самобытными традициями, но и той степенью манящей свободы, к которой я всегда стремилась, вырвавшись из своей некогда закрытой страны с её «железным занавесом».

Путешествуя по разным европейским странам, я старалась говорить исключительно на языке местных жителей, который без труда схватывала «на лету». Так обстояло дело с греческим языком, когда я месяц гостила на Кипре в далёком

1991-м году, с итальянским в начале девяностых и некоторыми славянскими языками, которые очаровывали меня своим благозвучием и лёгкостью произношения. Но если итальянский язык я три года методично учила и профессионально им пользовалась, а немецкий, польский и испанский языки слышала в своём близком окружении, то такие языки, как французский и венгерский для меня стали по-настоящему сложными в освоении. Хотя кое-что из разговорных фраз мне и удалось быстро ухватить, но грамматические основы и структура этих языков впервые оказались нелёгкими для изучения на ходу. К тому же, по характеру я очень динамична и малотерпелива. Люблю добиваться всего сразу и не выношу промедления и неудач. Тем не менее, и Франция, и Венгрия для меня стали по-настоящему притягательными для путешествий странами.

Я верю в знаки судьбы. Весной давнего 2014-го года во время фестиваля зарубежных фильмов в центральном кинотеатре Вашингтона после просмотра нового конкурсного французского фильма я выиграла приз — бесплатный месячный курс обучения французскому языку в Культурном Центре Франции в нашей столице. Помню, как я была горда счастливым стечением обстоятельств и своей неожиданной удачей. Но воспользоваться выигрышем мне помешали обстоятельства, и тогда я решила, что изучение французского языка обязательно состоится позже. Именно так я себя успокаивала, искренне расстроившись, что не сумела извлечь пользы из своего исключительного везения.

Но судьба неожиданно приготовила мне ещё один подарок два с половиной года спустя. Семейная пара вашингтонских друзей предложила составить им компанию и присоединиться к ним в сентябре 2016 года на праздничном вечере, устроенном посольством Франции в г. Вашингтоне. Роберт и я с удовольствием приняли приглашение, оделись по-летнему нарядно (летний сезон у нас обычно длится с конца мая до середины октября) и отправились на музыкально-танцевальное мероприятие для обладателей недешёвых платных пригласительных билетов.

При входе всем гостям предложили приобрести платные лотерейные билеты. Я настояла на покупке двух, хотя Роберт не хотел покупать их вовсе.

Вечер был в разгаре, когда атташе по культуре подошёл к микрофону и, прервав музыкальный номер, объявил о начале розыгрыша лотерейных билетов. С помощью своей коллеги, раскручивавшей барабан, они выкрикивали номера счастливчиков, которым достались несколько призов в виде французской косметики, парфюмерии и винных наборов. Если принять во внимание тот факт, что каждый лотерейный билет стоил 20 долларов, входной — 150 долларов и народу из числа гостей набралось более трёхсот человек, то нетрудно догадаться, что устроители культурного мероприятия в посольстве явно оказались не в убытке.

Вчетвером с нашими друзьями мы наблюдали всё происходящее, иронично комментировали и уже были готовы отойти за новыми напитками за неимением достаточного количества обещанных закусок, как вдруг неожиданно услышали объявление о главном призе вечера — бесплатной поездке во Францию за счёт спонсора — авиа-компании «Эйр Франс». Номер билета выкрикивали три раза и никто не смог предъявить свой выигрышный билет. Потому что он оказался в моей сумочке. Я им замахала издалека. Меня тут же заметили и проворно загребли на сцену. Стали расспрашивать о том, кто я, чем занимаюсь и где живу, подставив мне микрофон. Я повернулась в сторону Роберта и указала на своего спутника. Его быстро доставили на сцену и поставили рядом со мной, начав фотографировать на фоне красочных трафаретов. Вручили ваучер, заставили расписаться в трёх документах, опять сфотографировали вместе с ваучером и под всеобщие аплодисменты и музыкальный аккомпанемент проводили назад в общий зал. Там я перехватила несколько завистливых взглядов, в основном женских.

Лишь только несколькими минутами позже осознала произошедшее. Поверив в реальность случившегося, я возликовала. Роберт и наши друзья — искренне тоже.

Свой вылет в Париж мы согласовали с представителем авиакомпании «Эйр Франс» и запланировали на 26 апреля 2017 года, надеясь провести во Франции и соседней с ней Испанией около месяца.

По прилёту в Париж единственно доступной в нашем распоряжении машиной в прокат оказался новенький пятидверный чёрный «Мерседес» с ручным управлением и без навигатора. Самые интересные приключения в связи с освоением новых маршрутов в незнакомой стране нас, избалованных разными бытовыми условиями американцев-лингвистов, ждали впереди и позже заставили много раз пожалеть о весьма поверхностном знании благозвучного и аристократичного французского языка.

Исколесив пол-Франции и засвидетельствовав выборы нового президента в прямой телевизионной трансляции за ужином в Бордо, мы решили полюбоваться соседней с ней страной и направились к побережью Атлантического океана. Я вспомнила, с каким восторгом слушала рассказы дяди своего покойного мужа Криса, Хуана-Фелипе, баска по национальности, верно служившего Америке на дипломатическом поприще, будучи её послом в Монтевидео, о дивных красотах и самобытных традициях севера Испании.

Свернув с основной трассы, мы оказались в Сан-Себастьяне. День был по-весеннему прохладным, но приятным и солнечным. Мы решили осмотреть все пляжи знаменитого города-курорта, где любят отдыхать члены монарших семей и, оставив машину в подземной парковке, отправились гулять пешком вдоль набережной. Отдыхающих на пляже было мало, потому что было слишком свежо и ветрено. Наше внимание привлекли несколько женщин зрелого возраста с оголённой грудью, которые, сидя на песке, нежились на солнце и медитировали в застывших позах с закрытыми глазами. Рядом с этими женщинами, которые располагались на приличном расстоянии друг от друга, на песке покорно сидели их собаки, которые то ли пребывали в спячке, то ли просто скучали от вынужденного длительного просиживания по соседству с хозяевами. Казалось, что и собаки тоже медитировали, подстроившись под блаженное настроение пассивно отдыхающих людей. Увиденная картина умиляла и поднимала настроение.

Своей красотой нас очаровал небольшой город по соседству. Биарриц чем-то напомнил Монте-Карло своей роскошью, но был больше приспособлен также для тихой, размеренной жизни в нём. Там нам пришлось довольно сильно поволноваться в подземном гараже в виде улитки с непривычно низким потолком и узким проездом. Выехать из него по спирали оказалось чрезвычайно сложно, потому что длинномерная машина едва проходила по той узкой колее, которая предназначалась для малогабаритных машин.

Проехав ещё один интересный прибрежный город Бильбао, мы решили отдохнуть в Бискайском заливе и выбрали для остановки маленький городок Ондаррибию. Мы провели там три незабываемых дня. Мало того, что в этом населённом пункте никто не говорил на английском языке, в городке вообще было очень мало туристов. Все те немногие приезжие объяснялись по-испански. Это их отличало от местных жителей-басков, которые пользовались исключительно своим языком. Лишь только двое уличных музыкантов и молодой клерк в крохотной центральной гостинице, где мы заночевали и позже продлили пребывание ещё на три дня, сделали для нас исключение и изъяснялись на вполне сносном английском языке. Музыканты с готовностью отреагировали на наши щедрые денежные пожертвования и исполнили несколько песен «Битлз». Благодаря нам их окружили зеваки, а позже и другие благодарные слушатели, для которых пение на иностранном языке звучало непривычно и празднично.

Все оставшиеся дни мы не переставали удивляться увиденным на улицах неторопливым местным жителям и их собакам. Первый раз в жизни, оказавшись на оживлённой центральной улице, мы наблюдали, как за медленно идущим хозяином долго семенила его небольшая собака. Мужчина средних лет, казалось, её игнорировал. Но их близкая связь всё равно улавливалась. Животное было гладкошёрстным, среднего размера. На собаке был узкий ошейник, но она следовала за своим хозяином без всякого поводка. Никаких команд не получала. Когда он остановился на перекрёстке и стал дожидаться нужного сигнала светофора, его собака поравнялась с ним и присела поодаль, застыв в ожидании. Хозяин лишь раз удостоил свою спутницу взглядом, не проронив ни слова. Та внимательно и подобострастно на него смотрела. Как только сигнал в светофоре переключился на зелёный, они двинулись дальше, переходя проезжую часть дороги. И теперь они уже шли вдвоём, почти приблизившись друг к другу.

Любопытно, что и на других улицах этого маленького городка по тротуарам гуляли собаки без поводков. А некоторые были вообще без хозяев, гуляли сами по себе и даже пользовались уличными эскалаторами! Мы буквально остолбенели, когда маленькая, аккуратного вида, собачка, семенящая по узкой дорожке среди редких пешеходов, вдруг остановилась перед светофором и стала самостоятельно дожидаться зелёного света. Когда все стали переходить дорогу, она присоединилась к людям и с осторожностью начала делать то же самое. Но потрясло нас не только это. Её дальнейший маршрут продолжился на противоположной стороне улицы, на которую она самостоятельно перешла. Перейдя дорогу, собачка заспешила к прозрачному лифту, идущему вверх на высокую гору, где простиралась старая часть города, мало привлекательная для туристов по причине запущенности. Издалека на склоне горы были видны небольшие ветхие жилые строения. Шустрая собачка запрыгнула в стеклянную кабину и стала терпеливо дожидаться пассажиров. Совсем скоро туда зашла пожилая пара незнакомых ей людей. Они нажали на кнопку и позволили смышлёному животному составить им компанию и чуть позже очутиться на самом верхнем участке городка. Именно там, по-видимому, был её дом. Потому что при остановке лифта собачка резво выбежала из его прозрачной кабины, поспешила прочь и была такова.

Глава 10

Изумительная Венгрия и ее дружные обитатели

Свои путешествия по полюбившимся европейским странам мы бы обязательно продолжили, если бы не пандемия. Страх заболеть или застрять где-либо вдали от дома на карантине, да ещё и в чужой стране, резко изменил наши планы на будущее.

Последней зарубежной страной, куда мы недавно зачастили ездить, стала Венгрия. Мы открыли для себя красивейший город — Будапешт, который полюбили всей душой и которым восторгаемся не только из-за его уникальной грандиозной архитектуры. Мы обрели там друзей, с которыми сохранили тёплые отношения. Нам нравится в этом месте абсолютно всё, хотя город и не отличается особой ухоженностью домов из-за скудности городского бюджета. Но как же всё в нём замечательно расположено и устроено!

За время четырёхкратных визитов в разное время года мы уже давно исходили весь его центр вдоль и поперёк, но всегда снова обязательно открываем для себя нечто новое, что надолго впечатляет и не стирается из памяти.

Будапешт — город культуры, приключений и романтики. В нём комфортно человеку любого возраста. А ещё там очень вольготно живётся собакам. И они, как и на севере Испании, ходят по улицам без поводков и ведут себя образцово прилично. Но гуляют не поодиночке, а целыми группами и в компании друг друга, являясь представителями разных пород, ведут себя мирно.

Как-то раз дождливым осенним днём мы решили немного прогуляться под зонтом и направились от своего дома через площадь в направлении к дежурной аптеке на углу другого большого жилого дома. Перед входом в аптеку, стряхивая с себя капли дождя, замедлила шаг молодая женщина, рядом с которой остановились четыре собаки разного размера и разных пород. Все они терпеливо ожидали подачи команды и внимательно смотрели на свою хозяйку. Мы услышали всего лишь одну фразу, брошенную по-венгерски: «Сиа!» («Пока!»). Обычно этим приветствием обмениваются люди при встрече или прощании. Но это странным образом было адресовано собакам, поэтому мы растерянно переглянулись. После этого женщина скрылась за тяжёлыми деревянными дверями старого здания. Собаки вчетвером дружно уселись на мокрый асфальт и не подавали даже малейшего знака беспокойства. Казалось, что ситуация для них была столь обыденной и хорошо знакомой, что волноваться было абсолютно не о чем.

Рассматривая эту дружную компанию, мы убедились, что все они были домашними, хорошо ухоженными животными в разноцветных ошейниках с выгравированными на прикреплённых к ним именных метках кличками.

Особенно мило и трогательно выглядела самая маленькая по размеру такса «Лилли». Несмотря на непрекращающийся моросящий дождь, её мордочка выражала улыбку и умиротворение. Рядом с ней в спокойном раздумьи пребывал бело-серый поджарый «Альфред». Он был самым крупным и потому производил впечатление вожака. Парочка других, похожих на породу бассет, живо наблюдала за происходящим. При нашем приближении к ним оба пса слегка завиляли своими хвостами, но с места не тронулись.

Внутри аптеки мы провели минут десять, а выйдя из неё, увидели всё тех же собак. Они продолжали терпеливо ожидать свою хозяйку. Решив дождаться финала, мы остановились поодаль и стали наблюдать за невозмутимым спокойствием симпатичных животных.

Наконец молодая женщина вышла из подъезда на улицу, закончив свои дела. Собаки тут же радостно её окружили, и они всем своим дружным составом отправились продолжать путь по известному только им запланированному маршруту.

Кажется, я наконец постигла тайну счастливых собак: для этого нужно испытывать свободу передвижения и жить в Европе!

Глава 11

Бернар и его владения

Н а контрасте с Испанией во Франции всё было чинно и благопристойно. Речь идёт, конечно, в основном о поведении собак, а не о людях, которых в каждой стране встречается большое многообразие.

Оставшиеся четыре дня перед возвращением в Париж и затем домой в Вашингтон мы решили провести в его знаменитых пригородах и музеях-усадьбах самых известных французских художников-импрессионистов. Для временного проживания мы чудом нашли и забронировали часть особняка на окраине Живерни, утопающего в кустах благоухающих роз. С трудом обнаружив его местонахождение, мы стали дожидаться хозяев, потому что были предупреждены о заселении только после 16 часов и никак не раньше. Изначально терпеливое ожидание длилось больше часа. Мы уже стали волноваться, перепроверяя адрес и напечатанные инструкции к нему. Хозяйка зрелого возраста приблизилась к нам на большой чёрной машине, из которой заботливо помогла выбраться своей собаке-ротвейлеру. Извинившись за наше вынужденное долгое ожидание и выяснив, что мы — американцы, женщина объяснила, что возила собаку к ветеринару из-за её внезапного недомогания. Бедный пёс действительно имел измученный вид и был вялым и безразличным к происходящему. Его напичкали лекарствами и он нуждался в отдыхе. Несмотря на свой грозный вид, он, бедняга, медленно передвигался и не представлял для нас никакой опасности.

Мы воспользовались приглашением зайти в дом, который изнутри выглядел как музей, заставленный дорогой античной мебелью. Предложив нам воды и ещё несколько раз извинившись за причинённое неудобство, дама выступила с неожиданным предложением. Объяснив, что её собака может внезапно начать неадекватно реагировать на присутствие в доме чужих людей после прекращения действия лекарств, она попросила нашего согласия позвонить своей знакомой в соседней деревне и разместить нас в её усадьбе. Разумеется, мы согласились, хотя к тому времени уже проголодались и устали после длительной дороги и продолжительного нахождения на солнце в ожидании хозяев особняка.

Находясь в Нормандии, мы и не предполагали, что оказались всего в трёх километрах от общепризнанной самой красивой деревни Франции. Именно туда нас отправили. Оставалось только найти упомянутый дом по указанному адресу. В том месте живут только около пятисот человек, поэтому поиски оказались непродолжительными. Сначала мы обратили внимание на высокий каменный забор, увитый зеленью. На массивном ограждении восседали два павлина, один из которых распушил свой роскошный длинный хвост. Павлины чувствовали себя уверенно, как и подобает домашним птицам редких пород. Ничто их не пугало и не тревожило. Подобного живого украшения дома я никогда раньше не видела. В ста метрах от массивного забора согласно адресу оказалось то самое место, которое мы искали. Резные чугунные ворота были широко распахнуты. Похоже, нас уже ждали. Перед домом у парадной двери величаво возлегала большая песочного цвета собака, по-королевски скрестив свои передние лапы. Она спокойно позволила нам заехать на свою территорию и оставить машину на подъездном пути. Как только мы вышли наружу, собака залаяла, и на пороге появились хозяева. На вид им обоим было за семьдесят. И Колетт, и Ришар были очень приятной наружности и излучали дружелюбие и готовность принять нас у себя.

То, что мы приехали в Сент-Женевьев-ле-Гасни, нам указывали уличные знаки. Поразило другое: усадьба выглядела как настоящий замок. Нам отвели целое крыло высокого третьего этажа. На четвёртом был чердак, а над ним — крыша с башнями. У каждого из нас была своя спальня со смежной комнатой — гостиным залом с камином. Хозяева жили по соседству во флигеле и пользовались лишь кухней на первом этаже основного здания, куда поселили нас. Кухня-столовая была обращена окнами на лужайку с ухоженным садом изумительной красоты. Сама лужайка простиралась, как нам казалось, до горизонта, поэтому вековые деревья на ней выглядели игрушечными. Вдоль лужайки было озеро с тремя мостиками, по которым нам очень понравилось гулять и разглядывать плавающие на поверхности лилии. Мы ещё не успели побывать в саду-усадьбе Клода Монэ, но вся простирающаяся перед глазами картина напоминала его восхитительные воздушные пейзажи. А знаменитое место оказалось всего в пяти километрах от Гасни. Туда мы планировали поехать через два дня.

Колетт и Ришар любезно предложили нам поужинать на лужайке в деревянной беседке со столиком, снабдили для этого всем необходимым и заодно поинтересовались, готовы ли мы составить им компанию за завтраком. Мы с благодарностью согласились и продолжали восторженно созерцать всё вокруг. Мы оба испытывали состояние настоящего счастья и с трудом верили в реальность происходящего. На дальнем берегу озера мирно паслись две гнедых лошади и своим неслышным присутствием венчали полную идиллию.

Наутро мы проснулись в райской тишине. И только из распахнутых окон услышали доносившееся радостное пение птиц, которое услаждало слух и которое можно было слушать бесконечно.

После завтрака Ришар повёл нас на экскурсию по своей бескрайней территории и показал фамильную гордость многих поколений — старинную мельницу с вращающимися лопастями. Шумная вода из мельницы впадала в озеро и там становилась спокойной и гладкой на поверхности.

Несмотря на короткое знакомство, хозяева, предварительно свозив в продуктовый магазин, доверили нам на полдня свой дом. Он оказался незапертым, и мы могли свободно пройти в столовую или побывать в любой части особняка. Нам оставили только собаку.

Бернар продолжал невозмутимо спокойно себя вести. Его любимым местом был отшлифованный до блеска каменный пол перед парадными дверями. Но когда солнце оказалось в зените, пёс неслышно переместился на лужайку и составил нам приятную компанию своим присутствием, особо не приближаясь. Он вёл себя очень мирно и, кажется, привычно выполнял роль надёжного домашнего охранника.

На следующий день мы отъехали недалеко от дома и уже через десять минут могли с большой высоты любоваться захватывающим видом величавой полноводной Сены.

На склоне горы высилась старинная крепость Ла-Рош-Гийон — место паломничества многих туристов. Мы ограничились прогулкой по примыкающей к ней территории и совершили восхождение по узким горным улочкам, осматривая ворота старинных частных владений и самих причудливых усадьб, скрытых за ними.

Вернувшись в своё райское место ночлега под вечер, мы были приятно удивлены проявлением дружелюбия знакомой собаки. Пёс-красавец при нашем появлении приветливо завилял хвостом и вместе со своими хозяевами пошёл нам навстречу.

Спустя четыре года мы до сих пор со светлой ностальгией вспоминаем Гасни, Нормандию, Францию, а вместе с ними перед глазами возникают Колетт, Ришар и Бернар.

Глава 12

Праздник во время пандемии

Л етом 2020 года очень многие люди пребывали в растерянности. Волна зловещей пандемии, казалось, пошла на спад. Но ещё не было спасительной вакцины, которая бы обещала безопасность и защищённость. Тем не менее, все старались больше времени проводить на улице даже при условии обязательного ношения масок.

Жара началась ещё в середине июня, а в июле стала с трудом переносимой. Так у нас в Вашингтоне повторяется из года в год. Сложность ситуации состояла в ограниченности передвижения. Можно было куда угодно поехать на машине, невзирая на расстояние. Однако никто и нигде нас не ждал. Гостиницы были частично открыты, но отпугивали и своими резко подскочившими ценами, и опасностью заразиться в их стенах.

На конец июля приходился мой юбилейный день рождения. Несмотря на ситуацию с пандемией, очень хотелось выбраться из квартирного заточения, отметить юбилей и сделать его по возможности памятным. Я сагитировала Роберта поехать на побережье Атлантического океана. После долгих поисков нам удалось найти небольшую съёмную двухкомнатную квартиру в просторном трёхэтажном гостевом доме в Оушен сити. Всего три ночи проживания там стоили нам больших денег. Но мы пришли к компромиссу: расходы уменьшатся, если мы возьмём из дома основные продукты и заранее приготовленную на первый день еду. Тем более, что в квартире нас ждала просторная кухня с холодильником и плитой. Накануне перед отъездом я испекла два больших пирога и приготовила в духовке сочные куриные котлеты. Сезонные овощи и фрукты мы обычно покупаем по дороге на океан на крупных местных фермерских рынках. Собрав всё необходимое и прихватив большую сумку со спиртосодержащими дезинфицирующими средствами, масками и резиновыми перчатками, мы отправились по нестерпимой жаре в утомительный четырёхчасовой путь в надежде устроить себе приятные короткие каникулы рядом с прохладным и вечно беспокойным океаном.

Вид на берег с нашего второго этажа был восхитительным. Мы поселились очень близко к воде и могли уже за порогом квартиры пройтись по широкой террасе, спуститься по её ступенькам и преодолеть буквально около пятидесяти метров пути по раскалённому песку, чтобы оказаться на пляже.

В разгар летнего сезона выгул собак на берегу разрешается лишь до десяти утра и после пяти вечера. Но в наш приезд эти правила нарушались. Собак было немного и все они находились у воды, потому что песок буквально обжигал и ноги, и лапы.

Роберт с любовью украсил наше временное жилище и перила части общей террасы за порогом квартиры. Он потратил несколько часов на создание разноцветных гирлянд из шаров, которые старательно надувал и комбинировал по форме. В результате его стараний весь домашний интерьер преобразился и принял праздничный вид. Оставалось только устроить застолье и найти подходящее место в тени для позднего обеда.

Я накрыла стол на террасе, где обнаружила летнюю мебель для двоих. Там мы организовали настоящее пиршество, удобно усевшись в глубоких складных креслах.

Наш поздний обед плавно перешёл в ранний ужин, когда к пирогам и салатам я вынесла разогретые ароматные куриные котлеты. Еды оказалось слишком много даже для небольшой компании. Нас было лишь двое, поэтому выставленные на стол большие блюда мы решили убрать и чуть позже отнести в холодильник.

Пока мы в одиночестве обсуждали вариант встречи сумерек и проведения следующего дня, на другом конце террасы появились зрелого вида супруги с большой немецкой овчаркой на длинном поводке. Поприветствовав друг друга издалека, мы обнаружили, что были отнюдь не одиноки в малозаселённом прибрежном доме. Между тем вполне дружелюбная пара отметила, что их сурового нрава собака прониклась к нам симпатией, почуяв присутствие хороших людей. В подтверждение правдивости их слов овчарка мирно завиляла хвостом и была готова поприветствовать нас обоих, потянув за собой в нашу сторону своих милых хозяев.

То, что мы явно привлекли внимание их собаки, стало очевидным через несколько секунд. Крупный кобель внезапно вырвался из рук своих хозяев и, волоча за собой длинный поводок, резво подбежал к нам. Не ожидая такого стремительного приветствия и молниеносного сближения с незнакомым животным, мы, не успев нормально отреагировать, ощутили горячее дыхание пса сначала у себя на коленях, куда он уткнулся носом, а миг спустя — широко раскрытую пасть над моим блюдом с домашними котлетами. Пять из остававшихся шести подсуетившаяся овчарка успела разом заглотить. И её не волновало то первое впечатление, которое, по словам её хозяев, мы на неё якобы произвели, потянувшись друг к другу. Ничто человеческое оказалось ей не чуждо: даже еда, предназначенная для праздничного пикника. Конечно, мне это, как хозяйке, польстило, но немного напугало некоторым вероломством.

Я очень люблю собак, особенно хорошо воспитанных. Тех, от которых, как и от людей, исходит дружелюбие, а не агрессия. Они могут быть совсем маленькими и трогательными, большими и неуклюжими, насупленными, радостными, сосредоточенными и комичными. Люблю наблюдать их повадки, угадывать их личность, следить за становлением характера.

Если бы мне довелось быть собакой, я бы обязательно сама выбрала себе хозяина и тот образ жизни, который бы не ограничивал мои разумные желания. А желания всегда бы оставались самыми простыми: быть здоровой, любимой, а значит — счастливой.

IF I WERE
A DOG

Dedicated
to Varya and Pete

Foreword

All of the short stories presented in this book are dedicated to the dogs that I've had the opportunity to become acquainted with or close to.

Having lived in America for twenty-five years, I am convinced that dogs are cared for and pampered here while being afforded the best of living conditions and smothered with attention even in shelters. They are treated as full-fledged family members and spoiled as one would his or her own child. The only thing that often encroaches upon a dog's rights is forced sterilization at an early age, depriving them of the possibility to provide descendants. Everything else, one could only envy—their full and satisfying life flows on long and interestingly.

I was able to *spy* on some of these dogs and amused myself to no end having been in their company. Their behavior, just like people's, can turn out to be completely unpredictable and comical …

Johnny and Daisy

The more we age, the greater we distance ourselves from the vivid events of childhood. It is exactly in childhood when everything seems so big and important, and even the most extraordinary and irreplaceable.

Our building in the very center of Novosibirsk had seven entryways and was inhabited by a variety of people, primarily families, many of whom were famous or renowned in their own right. Among them were composers, film actors, factory and movie theater directors, the heads of research institutes and pharmacy chains, stage performers, passenger airline pilots, doctors, generals, and other residents of the most important and prestigious professions. There were not that many people of more modest means—teachers, engineers, factory workers, rank and file employees of various enterprises—and therefore all the attention centered on the important and well-known residents.

Insofar as our building neighbored the Glinka Conservatory, where my mom taught for a long time, then naturally not only composers lived there, but musicians and their instructors as well. Just above us were the Pekker's, a Conservatory professor who taught cello, and his imposing wife who managed the household. In the evenings, annoying monotone music created by a bow sliding slowly across strings came down from above. Professor Pekker was perfecting his technique while we were forced to endure the melancholic tuning of his instrument that sounded like sawing.

But it wasn't always like this. On weekends, a big sparkling car, a *Pobeda* (Victory), a luxurious automobile that only the city elite could afford at the time, would arrive at the front door. There were only two or three such cars in Novosibirsk back then. We children loved to look it over, glaring at the interior until the moment when the *grand dame*, Madame Pekker, exited the building and occupied the rear seat, which was covered in leopard fur. Their large fleecy, creamy-white lapdog sprang in together with its master and immediately occupied the passenger seat. Only after petting its back and kissing its nose before our eyes did they start the engine and pull away. This nice dog was named Johnny, but we children called him affectionately by his Russian diminutive, *Johnka*.

The dog's owner usually took him for walks, but sometimes one of the young conservatory students who lived in a neighboring dormitory would help out. I remember how we all had youthful envy for Johnka, whose owners spoiled him with various delicacies while trying to persuade him to sit in the car. They coaxed him with savory sausage and crab and fish products, which most people could only dream about at the time. Johnka shamelessly gulped down all of this food in front of our eyes as we looked on with wonder. In our childhood years, when you even had to stand in long lines for bread and be content with a baked or fried potato for supper, such a spectacle was bewildering. Professor Pekker's brother lived in New York, where he once visited, and shared with us the details of gastronomic abundance in the home of his American relative. This is how he evidently justified his dog's gluttony.

We always teased Johnka because he was a spiteful dog; he always bared his teeth and started barking whenever we approached. Although he looked appealing and well-groomed, everyone was convinced that his appearance was deceiving.

There was still another dog in our building that was sincerely treated to our young affection. The owner of this beautiful smoky grey Great Dane was a no less handsome young man, Vadim Naymushin, a performer at the Novosibirsk Young Spectators' Theater. We all were enraptured whenever he walked his graceful young Daisy in the courtyard toward a small square. Noticeably loving this dog, we sought permission to pet her and felt very proud and happy to touch her velvety neck and smooth quarters. You had to ask: How could such a small apartment be shared between such a huge dog, its master, and two grown women, one of whom was his mother, and the other his older sister, a stewardess?

There was only one time when we saw Daisy in an agitated state and barking nervously. This occurred when it was dark outside and next to a square that one of the windows of my parents' bedroom overlooked. The large square was next to a smaller one and the Novosibirsk Institute of Hydraulic Engineering, the front of which faced a cast-iron statue of Lenin and was always used for every sort of city ceremony, especially on the eve of or during main Soviet holidays.

Large-scale torch-lit rallies usually took place on the anniversary of the October Revolution. A long unbroken column of people streamed along the square with torches lighting up the darkness. My parents and I were enraptured as we watched from our window. Once Daisy and her master apparently had just managed to cross the road back home to our courtyard ahead of the column. The dog became extremely anxious after having turned up in such proximity to this huge crowd of people with burning torches. The procession of this thousands-strong column grew and was accompanied by the loud and doleful singing of morose people. Their songs sounded ominous, "...Long had they kept us in chains, long had they tormented us with hunger. Dark days have passed, the hour of redemption has arrived." As soon as the column turned the corner beyond our building, the singing trailed off into the distance. But Daisy immediately began to incessantly bark loudly, obviously disapproving the prolonged activity. The procession continued. This time new voices were heard more distinctly—with songs sounding differently, more mournful—"Tormented by oppressive bondage, you died a glorious death ... You honorably laid your head in the struggle for the people's cause." All of this happened in my distant childhood, when dogs for some reason acquired foreign sobriquets or anglicized names.

Tishka

I've dreamed about dogs practically my entire life. But because I lived with my parents in a typical city apartment, any conversation about dogs was immediately ruled out. My very first prayers of getting a dog were met with a categorical *Nyet*! And this was understandable—both of my parents were busy working as teachers. Guests constantly crowded into our two-bedroom apartment with an expansive kitchen, long corridor, and large vestibule. Many of our neighbors were among the guests, as well as my older sister's friends and my classmates. From time to time, my father's relatives came to stay for months on end.

My father was constantly concerned not only for his six younger brothers and sisters, but also for casual acquaintances whom he brought home to counsel regarding their future studies or field of work. So of course there wasn't any room for a dog in such a cramped space, not even the smallest of dogs.

Nevertheless, I still harbored dreams of having a puppy not only in childhood and adolescence, but even even as an adult as well.

Striving to more quickly start my own independent life and protesting against my overly strict parents' numerous prohibitions, I married at a very young age and moved into my future husband Sasha's huge (for the time) three-bedroom apartment. Inasmuch as I combined fulfilling the role of a young wife with daytime studies at the institute, working nights at a children's infectious disease hospital, and leading an active social life at school during three and a half years of marriage, the moment of our family crisis somehow arose unnoticed. My handsome husband was four years older than me and led the carefree life of a young bachelor. He had no intention of changing his ways to quell my complaints and demands.

My divorce from him was very painful because he objected and didn't take me seriously. After eight months of my stubborn persistence, the legal proceedings came to Alexander as an unpleasant surprise because he was convinced that I would promptly forgive him. But that didn't happen. I was adamant during the court proceedings when we were offered to wait three months before reaching a final decision. While leaving the courthouse, instead of anticipated rejoicing, a feeling of utter spiritual emptiness settled in. We decided to mark our divorce with an excursion to a see a daytime matinee of the new film, *Edinstvennaya* (*The Only One*), with Elena Proklova, Vladimir Vysotsky, and Valery Zolotukhin in the leading roles. This film turned out to be so true to life and relevant to our history that it disturbed both of us. Ostentatious bravado ended with tears and prolonged depression.

Having parted ways, we agreed to meet in Sasha's apartment for the further peaceful division of property. Once after calling each other, I went to visit him in late spring. My former husband opened the door while joyfully excited. As I waited in the vestibule, he fussed about in a distant room and constantly kept muttering something barely audible and intelligible. Sasha finally came out to meet me and, having pulled out a white fluffy bundle from under his shirt, handed it to me with the words, "Two days ago I was washing up in the bathroom and mistakenly used this as a loofah and really scrubbed up." I didn't know how true his words were at the time, but the warm bundle handed to me gave out a weak, plaintive whimper and turned out to be an affectionate, newborn lapdog puppy. After giving me the puppy as a keepsake of our former married life, Alexander cut off any personal relations with me. Only now and then would he pour his soul out to me over the phone after calling my parents' apartment, where I had moved away from him in anticipation of dividing our common floor space. The tiny puppy, that he named *Tishka*, became a real comfort to me when I was going through the divorce, constantly crying, and realizing the deliberate loss of my passionately beloved husband, whose betrayals I could not reconcile.

In the meantime, Tishka grew and brought me joy with his company, moving me with his touching appearance and readiness to fulfill my commands, which he quickly learned.

As a rule, small dogs tend to wear themselves out with constant barking, but Tishka tried not to disappoint me and only barked occasionally and with good reason. And what was surprising was that he charmed my mom—the enemy of any and all dogs—while demonstrating his gentleness and cuddliness. My parents at the time were living in a more spacious, oversized three-bedroom apartment where I had my own separate room. I was already living apart from them but visited often and spent the night.

At the beginning of the summer, my sister Olga came to visit my parents with her young daughter, my niece Oksana. They flew in from far-off Vladikavkaz (the city then called Ordzhonikidze) and stayed at my parents' apartment. Oksana was almost six years old at the time. She gleefully reached out to this *live toy* and constantly played with my little dog on the floor. It apparently pleased both to be together and play.

When it came time for my relatives to return to the Northern Caucasus, we decided that dad would drive all of us to the airport in his car. I spent the night at my parents' apartment in a large bedroom with two beds, between which was enough space for a third. I laid down on a fold out bed close to midnight, having already walked Tishka, and joined the company of my mom, Olga, and Oksana, who had settled in for the sleepover.

Dad went off to bed before everyone and was already snoring in a far-off room. Tishka obediently laid down on the rug at the threshold of the bedroom door in the long corridor, and so I let the folding doors leading in remain open.

Everyone quickly fell into a deep sleep in the dark dead of night. I certainly slept extremely hard because only my mom's and sister's loud voices were able to wake me up. I opened my eyes at the sound of increasingly loud chuckling. All of us clearly heard the sound of profusely loud chomping, which was so distinct and palpable that it forced us to wonder what on earth it could be and where it was coming from. This was happening right next to us, which is why it was so comical. The smacking sound came now from the left, now from the right. The sound alternated from Olga's bed to mom's, and then back again. And only then when it could be heard in direct proximity to me did I realize that it was Tishka making the sound.

It turned out that that Oksana, upon the insistence of her mom and grandmother, had taken a piece of gum out her mouth (she in no way wanted to part with it) and compliantly put it in my mom's hand. After promising to give it back in the morning, mom wadded it up in a foil wrapper and left it on top of a mirrored dresser. When we all had fallen asleep, the omnipresent Tishka came into the bedroom and licked an unfamiliar delicacy with a strawberry flavor, which stuck to his teeth and wouldn't come off. We had to turn the light on to get inside his mouth in order to help get rid of this prolonged chomping, which amused all of us after things having been so perplexing. I'm glad that I happened to be right nearby in time to help and that it ended so innocently and had not led to a tragic outcome.

Tishka already turned two years old, and I could not get used to the idea that my puppy had grown up and was beginning to display the characteristics of an adult dog. While going out for walks, my friends directed my attention to the fact that Tishka would answer the call of nature in a manner not customary for young male dogs—by squatting, rather than lifting his leg. In my naivete, I dismissed those who pointed this out to me and obstinately contended that all dogs do this differently. It never even occurred to me that the puppy gifted to me, Tishka, could turn out to be female. Suspicions were confirmed after six months, when after intimate relations with a like *comrade*—my friend's pet dog of the same breed—my dog began to show her own puppies. This discovery came as a real shock but could not diminish the love and affection for my very first dog in life, whom I will always recall with a sense of gratitude and a smile.

A Piano, Goat, and Dog

Ah, the Black Sea! Every Russian wants to go there in summer and strives to be there at the peak of season. Now it's become possible to visit the shore of any foreign country (beyond the borders of the former Soviet Union) within the limits of one's own budget. But at the end of the seventies in the last century, it was a sort of tradition and the only opportunity to bask in the hot southern sun and splash in the clean saltwater of the warm sea for all former Soviet citizens who were guaranteed a month-long vacation there.

My girlfriend prompted me to accompany her to Crimea on vacation *dikaryom* ("as a savage"/ad hoc), the most affordable and widespread way to go on a vacation in the southern coastal cities. Most of the country's population traveled by train at the time. We did the exact same thing and spent three nights on the road. While making our way to our destination, including bus transfers, we conjectured and contemplated exactly where we would end up. We were both carefree and young and therefore decided not to have lengthy discussions as to where we would venture first.

Dozens of local residents were already circling the bus stop at the Feodosia train station square, brashly offering rooms in their homes for visitors to spend the night. A woman wearing a dress offered my girlfriend and me a room for two at ten rubles a night. The standard student stipend at our institute at the time was twenty-five rubles per month. Even though I had been receiving a higher rate for several semesters, I hardly would have been able to save up sufficient funds for the trip without my parents' summer financial aid. We understood that we were buying a pig in the poke after we agreed to the offer, and so we decided on staying for only one week, which we immediately conveyed to the owner.

It was about one kilometer from the house to the sea, but even that seemed to be good fortune. The living conditions for the various lodgers were clearly unequal. Someone managed to occupy the first floor of the two-story wooden house. Someone got up by ladder to the front part of the attic. The terrace was closed off by curtains and occupied by a family with children. In our room there were two metal folding cots with thin mattresses. It turned out that there were fifteen people staying in the house, not including children. Everyone definitely felt fortunate not to be left without a roof overhead. There were very few hotels at the time, especially in small provincial cities. And only a select few even knew they existed, let alone their addresses—there was not so much as a hint of the internet.

Despite hearing voices from everywhere and other sounds from neighboring guest rooms, we somehow managed to fall asleep and get a little bit of rest for the night.

After having breakfast at a nearby cafe, we headed toward the beach where we were able to doze off and get a little sunburn while lying on wooden chaise-lounge chairs. But the most important thing was to swim into a frenzy and feel such bliss at the time that no matter how imperfect the living conditions were, they could not ruin our joyous mood at the very onset of our vacation.

After returning from the beach the next day, we decided to look around the surrounding area. Before leaving, my considerate parents gave me the address of one of mom's students at the Novosibirsk conservatory. Every summer she and her husband visited her parents in Feodosia and spent their vacation in the small family home. Out of curiosity, we decided to see what the house looked like and started off to find it. Knowing that the female student was an upperclassman in the piano department, it wasn't that difficult to locate the house by its large awning, beneath which stood what appeared to be an old black piano. A long thick rope was tied to one of its legs, and at the other end—a nice, white nanny goat. She serenely grazed on her territory, from time-to-time nibbling grass. There was a dark-grey dog chained to a small hut closer to the front door of the house. The dog slept next to his house with his nose buried in the ground. It seemed as though both pets coexisted peacefully and maintained their boundaries.

We didn't walk close to the fence so as not to disturb this idyll or alarm the inhabitants of this extraordinary home.

A piano, goat, and dog—who would have ever thought! It turned out that Nadia had to practice playing piano every day; her mom had to milk the goat. And the dog was needed simply to provide company, as well as to guard the house once vacations ended, the "dead season" settled in, and the woman remained at home alone.

We still spent many days in the resort town of Planerskoe (now Koktebel') close to Feodosia. We went to the mountains and inhaled the fragrance of mixed mountain grasses, having discovered a country of sky-blue summits and dark blue sea where Russian bohemians once rested at their *dachas*. But after returning home, the very first thing we told everyone about regarding having made the most vivid impression—namely the house, where a piano, goat, and dog lived in harmony.

Rigel

In the distant past of 1980, any particular one-bedroom apartment in the center of the city was considered to be a prized possession, insofar as privatization for the sale or purchase of residential real estate had not yet occurred in the Soviet Union. I lived alone and so I decorated everything according to my own taste, while paying quite a bit of attention to the small entryway vestibule. Since I loved to constantly listen to popular music turned on at high volume, which I disco-danced to while doing all sorts of household chores, I decided to substantially upholster the front door of the entryway for better sound insulation. Now they use lightweight synthetic materials made from bulk plastic everywhere. Back then, the only thing available was heavy, loose batting. Even winter coats and furs were lined with batting and a vinyl facing, so it went without saying that the interior of any door would be layered so as well.

My friend Martin, who lived in a neighboring building, proudly introduced me to his large, young Reisenschnauzer puppy. He had specially flown to Germany to get his dog, where this breed was raised and traded, and where they reluctantly sold to foreigners for export. The dog began to grow and gradually adopted a somewhat frightening appearance due to its size and dynamic behavior. He was also well-groomed, and everyone stared at his blackish-blue, flowing, and shiny coat.

It turned out that Martin's younger brother and his Ukrainian friend Roma owned two of the very same kind of young puppies.

There can be honest to goodness hot and arid weather at the height of summer in Novosibirsk. When I met all three of the beautiful dogs in the courtyard, Martin introduced me to Roma, Rigel's master, who outwardly reminded me of my favorite lead singer from the Polish group *The Red Guitars*, Seweryn Krajewski. Roma arrived from Germany and stopped at the two brothers' apartment along the way. It became clear that the dogs were not getting along well together because two of them were young males. Roma and I decided to go up to my apartment to get a bucket of water for the dogs to drink. My new acquaintance offered to help me with the heavy bucket and at the same time satisfy his curiosity with a look inside my apartment.

We quickly filled the bucket with cold tap water and rushed to the animals who were impatiently waiting for us outside in the heat.

At the moment when I became acquainted with all of the dogs and introduced, I considered myself to be almost half-Muscovite, having spent a long time there on constant business trips. Roma found out about my frequent absences and pragmatically offered to look after my apartment at a moderate rate and, understandably so, with the intention of living there with his dog. My only condition was that his residency was only temporary and that he would immediately vacate upon my return.

Having returned to Novosibirsk, I noticed how Rigel had grown and blossomed and even had the honor of walking him outside accompanied by his master and noticing the enthusiastic glances of passersby.

This dog, pampered by universal attention, turned out to be wayward and jealous. Whenever we took him for a walk on leash, Rigel invariably crossed over from his master's right side to the other and stood between us.

It only took one time when we left home without him, to go to the movie theater together, when Rigel immediately displayed a dog's jealousy. When I returned, I opened the door to my apartment (there was simply no need for keys in the presence of such a breed of dog, which is why they are used in Germany as police dogs as well as guard dogs in hotel basements and other administrative buildings) and turned my attention to the utter silence. Rigel was nowhere to be seen—for some reason he didn't rush to joyfully greet us, even though he regularly did this when we entered the apartment separately.

We stepped into the vestibule and were stunned—the entire interior of the door had been barbarically gnawed. Pieces of the batting were mercilessly torn to shreds and strewn throughout the entire apartment and especially in the kitchen, where the sight of a menacing dog with a truly vicious look was frantically chewing on big chunks of the batting. It wasn't safe to approach the angry animal, and so we peacefully retreated for the time being, patiently awaiting the end of this bacchanalia.

Such was the revenge of a jealous dog, which afterward ceased to be my favorite breed.

Already after two months, driven by work-related circumstances, I moved to Moscow and was forced to relinquish my apartment with a large black piano and bicycle on the balcony to the city administration, since there was no possibility of selling it.

A Voracious Appetite, or Why Does a Dog Need Money?

Everyone knows that dogs cannot contain themselves before the savory aroma of food—their animal instinct is that strong. Moreover, it doesn't pay to tempt them by placing a dish nearby.

I remember when I painstakingly set a holiday dinner table for two when Robert and I lived in a large embassy-leased house in Moscow. I began with appetizers, which I meticulously laid out on beautiful plates, and, while waiting for the hot dishes to bake, headed upstairs to the third floor to call Robert to the table. While we talked things over and I asked him to hurry, a crash rang out from behind a closed door to the kitchen on the second floor. Having gone downstairs we were able to observe our dogs dashing off in different directions—Pete ran down the stairs as Varya darted past us into the living room and hid behind the sofa and armchairs. It was obvious that our pets were guilty of doing something terribly wrong and ran away attempting to escape inevitable punishment.

We had to put off dinner until later because of the complete mess in the kitchen. The more "mature" and older Pete stepped forward as the instigator. He yanked down the tablecloth from the high, round oak table along with dishes and dinnerware that toppled over and crashed to pieces on the floor. It was easier that way for the dogs to taste everything in order. Surprisingly, they showed no disdain for the salad, the vinaigrette, herring on black rye, onion, and pickled cabbage. Had they been smarter and more patient, they would have waited for the hot main course. That evening we were to have stuffed cabbage rolls, *golubtsy* (little doves).

Robert and I gloated while we awaited payback time. Insomuch as it was namely Pete who had a reputation for perfidy and always took the initiative, it was he who was primarily distressed after dinner. An upset stomach and diarrhea made his suffering last throughout the entire next day. We could barely manage to fling open the door leading to the back patio before he would fly out like a tornado every half hour. Human food doesn't always sit well with dogs.

In its own way, a lesson was learned concerning the irresistible instinct for food. But before this incident, Varya managed to distinguish herself by her unbridled curiosity. My dog at the time was living freely in a home with a large, wooded area and, when we were at home, had access to wander about the huge living room from her room with a fireplace next to the garage. One evening, something completely unexpected happened that wasn't completely typical of a dog's behavior. Maybe something like this has happened in other homes, but I had never heard of such a thing before.

Varya was still a growing and not too smart of a puppy. She had barely turned one year old, was somewhat clumsy, and not very brave. But she had already begun to exhibit an active curiosity at the time for everything unfamiliar and left teeth marks on many pieces of furniture regardless of their value as antiques.

Robert would drop by after his shift ended at the Pentagon and was always in military uniform. We were only able to spend quality time together on weekends away from the military discipline and without need to hurry anywhere. But we always divided this time with all our family members, even more so because Robert's son Alex was only eleven years old when he separated from his wife. And after the death of my father in Moscow in the summer of 2001, I had to fly there to visit my sick mother and then later bring her back with me to America as a permanent resident.

Since Robert and I acquired the newly born Varya together, he had the opportunity to witness her growth, although not on a regular basis. Varya adored Robert and demonstrated her joy to him in every way whenever he appeared at the doorstep of my home.

And so, it was on that memorable evening when Robert, the subsequent time after he finished his shift, dropped by briefly on his way home, where young Pete was patiently waiting alone with a television routinely turned on.

We sat down to talk at a low, square coffee table, and when we got up, Robert fanned out five twenty-dollar bills and laid down the one hundred dollars for me to go shopping.

I accompanied him to the front door and slowly began to get ready for bed. Then I remembered that I had forgotten to shut the door to Varya's room so that she wouldn't have the opportunity to roam the entire house at night and during the wee hours of the morning. My dog was already peacefully lying on her own sofa, having customarily crossed her front paws, but was suspiciously behaving quietly. I petted my obedient girl, closed the door to her room, and set off for my bedroom through the living room, intending to turn off the light in there. I remembered that the money Robert left was waiting for me on the glass table. I tried and tried to recall exactly where he put it but didn't see the money anywhere. There was nobody else in the house except for Varya and me. I began to check the rug and furniture around the table, and I finally figured out that the money had been absconded with only by a small, green, corner piece of paper lying near the piano—and that the thief was my beloved dog.

This was more resolutely confirmed the following day when I noticed shapeless traces of her crime on the front lawn of my house. It would have been senseless and unbearably complicated to wipe off and clean each and every one of these pitiful fragments. Moreover, how could I possibly punish the thieving Varya for the acts of hooliganism that she had already performed, which deprived me of tranquility, but caused her obvious physiological discomfort. However, my favorite one nonetheless felt guilty and constantly glared at me in the eyes, sensing my perplexed and offended mood.

As it turned out, the temptation to take money left unattended is always great, and not only among people.

The Innocent Pastimes
of Our "Children"

Living in America as an adult, I gave my first dog here a Russian name to somehow "humanize" her. I got her as a newborn and therefore treated her like a young child.

I decided to begin training my Varya in earnest when she turned four months old. I dove into this with enthusiasm and determination because my puppy was growing and gaining complete independence. The brash youngster began to sass back and would not react to my scolding, feeling completely free to move throughout the house and the large adjoining territory. In the beginning, I taught her the commands: "sit", "lie", "stay", "heel", "No!", "fetch"; which she willingly responded to, but the momentary obedience she demonstrated was only to receive a treat. After gulping it down, she would immediately spring up from her spot and end up at my feet, waiting for her next portion.

There is a remarkable two-story old building in the center of our city that is a popular topic of conversation among dog owners. This place is genuinely unique and even the exterior looks original and totally inviting. From far away one can see bright frescoes with silhouettes of different breeds of man's best friend and smile at the innovation of the establishment's designer and owner. This historic building is located on a quiet street just a short walking distance from our major Potomac River. A large specialty shop is on the first floor, where all the goods are exclusively intended for dogs, and therefore it is the dogs that are the primary "customers". Owners lead them inside on leash, but their pets are the ones that pull them toward their own favorite shelf. Many of them can snatch something with their teeth and take it away, and not only bones, cookies, and other food items, but various toys, fragrant grooming products, shoes, and clothing. The dogs' embarrassed owners must apologize and return what was taken without permission, but some of the pranksters are able to remain undetected and their ill-gotten gains discovered only once outside or even inside the car.

The second floor with specially equipped rooms functions as a training area. But above all, this is a school of good manners, and not the methodical training that service dogs undergo. Every newcomer here studies either individually or in small groups, and above all else they learn to peacefully relate to those such as themselves. This is a specialized type of *kindergarten* where dogs, primarily puppy-aged, spend from morning until they're picked up toward evening. Those owners who can't find time to drop their dogs off use a school transportation service. Brightly decorated minivans follow daily routes and pick up every *rookie* in the morning, and in the evening drop off those whose owners were delayed at work or unable to pick them up themselves.

I brought my *child* to this kindergarten myself so that Varya wouldn't feel as though I were playing a dirty trick on her. But when I brought the puppy up to the second floor, she suddenly began to resist while clutching onto a low staircase railing with her front paws, desperately straining to tear away from her collar. I picked up on her sincere lack of desire to socialize with other dogs and decided not to torture her with forcibly imposed training methods. I simply came to an agreement with an experienced instructor to visit my home to train her somewhere that was part of our daily routine.

As a result, Varya became such good friends with her young trainer that a certain amount of jealousy came over me. The young professional girl had an athletic, masculine appearance and gladly tackled teaching my growing puppy commands in two languages (Russian and English), and subsequently took up an interest herself in learning new foreign words herself.

Thanks to her, Varya became a civilized and obedient young girl who evoked kindness from friends and passersby during our walks outside.

I always said hello to two mature neighbors who lived in the house to the left of mine, but I hadn't noticed any special reciprocal display of friendliness toward neither me nor my guest Robert, with whom I became acquainted in the spring of 2001.

Their home was situated a little higher on the hill and served as an example of being well off. A brigade of workers—maids, gardeners, and tradesmen—came by almost every day to perform regular maintenance and improve the outward appearance of the entire area adjacent to the house. They mowed the lawn every week, trimmed the bushes, and also changed and purified the water in a large outdoor pool where the female owners often went swimming.

I had to content myself with a deep jacuzzi on the rear deck of my old home, which I tried to keep up with by myself and gratefully accepted help from Robert. In contrast to my neighbors' house, mine wasn't that big, but did have a vast territory with free access to a forest with a deep creek, where the year-old Varya got into the habit of running to in the company of her older friend Pete, an Australian shepherd with a stern character. The three-year-old Pete, who visited me with his owner, behaved rudely while seizing a bone from the grip of Varya's teeth. He then managed to quickly hide his hostess gift after having dug up a bed of irises. With time, the flower bed transformed into a secret cache of huge treats buried deeply as a reserve for an enterprising hound. But I didn't get mad at Pete. All the same, irises grew up through the ground at the onset of spring and formed a luxurious carpet of multicolored flowers. And Pete punished himself as well—running off into the woods chasing wild deer, and then returning with his sides scratched after rushing headlong through thorn bushes and fallen trees.

It was most unpleasant when Varya tried to follow him everywhere, although not so decisively. And although Pete served as a role model for her as to how to rush ahead with abandon and how to bark loudly (something that I had unsuccessfully endeavored to achieve for such a long time), the solidarity of our two *stepchildren* very often caused me to worry. The two dogs in tandem would disappear from view for a brief time and then somewhere find some deer droppings and self-amusingly grind their hindquarters in it after rolling on their backs with outstretched paws. Both he and she were in ecstasy, but it took us a long time to deal with them because the oily, pungent dung clung tightly to their fur. We tried to wash them with great effort and disgust, and even after multiple rinses such a cleansing proceeded slowly.

The neighbors/live-in partners often complained that Pete would run onto their territory. I can't say that Pete liked it there. He would simply jump across for a short while, apparently out of curiosity for something new. But the women would yell, every time reporting his transgressions to me and I would have to apologize and sternly reprimand my *stepchild*.

At some point, I urged Robert to accompany me to the neighbors along with the dogs to apologize. Decided—done. We called to them from the boundary of our properties, and when they approached, while holding the dogs next to us and having given them the command, "Sit!", we alternately extended our apologies for disturbing their peace. We explained that Pete had a very strong hunting instinct and therefore he, essentially bred as a shepherd, is unable to resist the alluring aroma of meat cooking on an outdoor grill. This justification did not convince the guarded and unfriendly Katie and Mary as they started to list off all their grievances against him, while glaring at the serenely sitting Pete. At the same time, they held up the well-trained Varya as a model who would not allow herself to engage in such antics and was, in their opinion, a quiet and sweet dog.

Once our conceived truce was finally proposed and met with satisfaction, Robert and I, after slightly smiling as each of us noticed relative progress in our relationship, then noticed that Varya had suddenly vanished. The neighbors continued their commentary as we simultaneously flashed a glance to the left. With her head proudly raised, she, by the look of things, was realizing a long-repressed and cherished dream—striking the surface of the water with her paws. Varya was swimming in someone else's pool and did so plainly and brazenly!

There were even more joyous occasions. Once we brought our dogs to a big, wooded park hoping to give them plenty of room to run around in while being in nature, far away from home and people. And to protect ourselves from them possibly running away, we tied a thin metal cable between them that was five meters in length. Having settled down in a field, we felt fully confident that Pete and Varya would be lying nearby as we prepared a small grill to cook some food. But that didn't happen! While attached to each other, they ended up having to do everything in unison. Pete tore off ahead while Varya at first resisted and consequently fell down. But within a minute she adjusted to running at Pete's tempo and they started to rush around making huge circles throughout the entire field at a five-meter distance from each other. Both dogs were relatively big in size, so that from far away they appeared to be unusual and frightening to uninitiated outsiders. It was just so obvious when another big car with several passengers tried to pull up to the field and then they, having seen the dogs linked together and acting wildly, rethought stopping and decided to keep on going.

It seemed as though the experience of forced, intimate coexistence was a success with our dogs when they took a liking to it and decided to repeat it—this time upon their own volition and initiative. Having received a huge, long, and weighty bone as a Christmas gift, Varya grabbed it by one end and dragged it from the front door of the house to the lawn. Pete had gotten a different tasty gift, but specifically wanted to have the bone. And so he raced after Varya and clenched onto the other end of the thick, white bone with his teeth. Varya refused to relinquish the new, edible plaything from her jaws; but Pete, with the full weight of an Australian shepherd, continued to hunker down and pull it toward himself. This is how they, while not giving into one another and holding both ends of the bone in their teeth, fiercely sped across the lawn in front of the house hoping that the other would be the first to tire out from the non-stop race. But neither one of them wanted to stop. And it was only their ears, especially Pete's, that swayed in the wind and bore witness to the fact that this was a sort of entertainment for both. It became clear that at the end of the day friendship won out!

Enigmatic Italy

I decided to begin my two-week excursion to Italy in Rome. I flew in from Washington before nightfall and was met by my long-time friend from Moscow Dasha in the arrival area. Her husband Cesare was waiting for us in their car at the very end of an outdoor parking lot in order to avoid searching for a parking space for an indefinite period. Dasha and Cesare were married back in 1995, so Italy had already become closely familiar and well-understood by her for several years after having moved from Moscow.

Cesare announced that the ride home from the airport to their home could take up to one and a half hours and proposed making a stop halfway there for an early dinner. After dining at an open-air restaurant before sunset, we continued our way to a nearby suburb, Velletri. You could only see the flickering lights of houses set off far apart from each other while descending to this mountainous region in thick darkness. There were no marked roads, and even more so, I didn't notice any streetlights. The road to the house itself was uneven, narrow, and steeply inclined. When the car stopped, powerful headlights illuminated the imposing size of the three-story stone house with an enormous, enclosed area beyond its rear façade. A swarm of lightning bugs and noisy cicadas created the illusion of the depths of night, but it was only ten o'clock in the evening—usually a time when dinner is in full swing for Italians. No finishing work had been done to the house, so the rough stone walls preserved the coolness and provided a sense of pleasant comfort. The owners furnished me with a big guest room with all the conveniences next to it. Having wished me a good night, they retired to their own space on the expansive upper floor.

After opening the wooden blinds and flinging open the room's window, I gazed to my heart's content at the large, puffy stars in the black, southern sky and breathed in the intoxicating mountain air that was warmed by day and saturated with the scent of stringent eucalyptus, fragrant laurel, and sweet myrtle. All this richness grew in a garden interspersed with spreading berry bushes and fruit trees surrounded by grape vines dangling low overhead. I was able to review all this garden flora late in the morning the following day during a guided tour of the house and surrounding territory. I was delighted by everything I saw because it had grown naturally for so many years already and practically required no care. The owners would only gather the harvest and from time to time clear the area between the trees and bushes when they were overgrown and beginning to obstruct the garden path.

There was a small stone structure beyond the garden, in which seasonal guest workers from Moldova and Romania lived for a time at a moderate rate. Beyond this building rose a metal-pole fence, and beyond it, a road leading to one of the main streets, which in forty minutes would be almost filled already with people bound for the terminal station of the Rome metro. One time at Dasha's bequest, I was "lucky" enough to endure the complete, exhausting route to the Eternal City, where we spent an entire sunny day. The crush and the stuffy air while standing on my feet during the hour-long ride almost caused me to faint. The sole entertainment along the way was to listen to the boisterous, obtrusive conversation among a group of young Ukrainians, who, having come looking for work, regularly made the trip to the capital of Italy.

I was a guest in the home of Dasha and Cesare for a total of three days and only on the second night was I able to appreciate the virtue and variety of their region. It appeared that dogs were beginning to bark at the very end of the village in the middle of the night. Several minutes later, the dogs' barking drew closer and erupted into a prolonged, loud exchange of ten voices dispersed throughout the entire district. It seemed as though it were going to last forever, but the reciprocal greetings gradually faded away and complete silence reigned. Two of the owners' dogs that used the one-story stone shed to cool off when it was vacant suddenly decided to pick up the baton. The already elderly and very large Mara and Nira were not very friendly toward each other, but under these circumstances decided to display solidarity with their kinsmen and announce their presence as loudly as possible.

They were usually kept unleashed, especially since these two white Mountain Pyrenees rogues were lazy and not very active, but known for being headstrong when it came to realizing their schemes. Cesare showed me two big holes that the dogs dug up at the beginning of summer. It turned out that they had dug up on a regular basis and, so it seems, found satisfaction indulging in this undertaking undetected by their owners. Just as unobserved, the pair contrived to make a deep trench to their favorite single-story stone building, the temporary lodging of the seasonal workers. The last time there were Moldovans who helped neighbors with repairs and came to Italy looking for good wages. But Mara and Nira acted like thieves and were able to gain access to the foundation of the building through the trench. When the men were away, the perfidious dogs penetrated their residence and unconscionably scattered items of the laborers' clothing on the floor that they had previously ripped apart. Once the workers saw their shirts crumpled on the ground beyond the owner's territory and complained to Cesare. He had to isolate the dogs for participating in this ransacking and apologize over and over again.

This building was empty during my stay. It was obvious that Mara and Nira had scared off for quite some time the people who had settled there. The dogs clearly were bored and needed activity, or, perhaps, simply yearned for the company of people and being close to them.

Before going to meet with a different Moscow friend, who was on the jury of an international ballroom dancing competition taking place on the Italian Riviera, I decided to go by train to Florence independently.

Once settled into a spacious room of an old three-story Florentine home with a heavy embossed, locked door, and contemplating the high, dark blue ceiling with fantastic medieval molding, I started to make plans for all three days of my stay in this unique city. Before figuring out how to accomplish my long walk to the Uffizi Gallery, I decided to have breakfast at a sidewalk café at one of the central squares.

The morning turned out be sunny and hot. While I had breakfast and admired the delightful surrounding splendor, the heat intensified noticeably and prompted me to set out along my planned route as quickly as possible. While getting up from the table, I saw a small company of young people surrounded by dogs. A beautiful, deep fountain arose on the square—a masterpiece of medieval architecture in its own right. The fountain gushed powerful streams down out of a sculpture and truly adorned the city square. How surprised I was when the young people let their frisky dogs loose and plunged into the fountain as well. Both one group and the other received visible pleasure from frolicking in the water and did so for an extended period.

The onlookers/tourists observing this quickly began to take souvenir photographs because they were unaccustomed to such a spectacle—unique medieval structures abounded everywhere for viewing pleasure juxtaposed with the present-day rituals of the residents, for whom the grandeur of the ancient city was only perceived as part of an everyday routine. Some love to dive deeply into history, and others—into an ancient fountain.

CHAPTER 8

My Favorite City

I've lived in Alexandria since 1996. This coincided in time with my arrival to America. The old part of the city is especially charming with its 18th century buildings that remind me of Oxford, England. Everywhere you feel a sense of the British, whose traditions were established here in 1749. In the middle of the 1750's, it served as a headquarters for British troops and the main Washington port for international trade. Now because of a new outcry, they have begun to rename streets and tear down stately monuments honoring the Colonial era; but despite this the historical spirit of the city perseveres no matter what, and

Alexandria continues to charm with its uniqueness and beauty. Boats with foreign tourists arrive at its harbor on the Potomac River from time to time as local residents pleasantly stroll through the city parks and squares admiring the views on both sides of the river. The state of Maryland extends across the opposite bank of the river and in the distance, only twelve kilometers in all, the panoramic grandeur of Washington unfolds with the Capitol building and the capital's foremost monument, which towers up in the shape of a pencil.

Our city is perhaps the only place in the entire, huge, south-eastern state of Virginia where it is legally permitted to bring dogs inside many buildings. Obedient pets accompany their owners into pharmacies, book and other non-food stores, the post office, train station, the airport, hotels, and restaurants. Waiters thoughtfully offer them bowls with water and ice, and concierges at residential buildings explicitly keep cookie or bone-shaped treats at hand.

Dog owners can sit for a while on benches, engage in long telephone conversations and distract themselves in any possible way while not worrying about their pets or their safety at dog parks, which are now accessible not only on the ground, but even in high-rise apartment buildings.

One of the main hotels in Old Town, the Holiday Inn (before it changed owners and went through many name changes) was perhaps the most famous among dog owners. Its large courtyard was alluring to a crowd of people who would gather around small tables with their four-legged friends. There was an open-air bar in the courtyard, music played, and evenings had a variety of themes. Lights were lit at the onset of darkness, and hotel guests were able to observe the curious, ongoing spectacle.

Some particular evenings attracted city residents to the court-yard who either found out from friends by chance or had prior knowledge of the upcoming holiday and were afraid to miss out.

Robert and I went there every year. It was the greatest entertainment to attend the Halloween celebration. We brought our own dogs there but preferred to watch others competing for prizes. My long-time neighbor Steve even once dared to ask me to "rent" my Varya for one such evening and even bought my dog a special costume—a dark-violet cape on her back with a spider web embossed on a heavy fabric hood over her head. But Varya immediately tore it off, not wanting to wear a ridiculous costume.

We burst out in homeric laughter watching how owners tried with all their might to bring their wildest fantasies to life, dressing their own poor dogs in inconceivable costumes, and receiving no resistance from them—the dogs didn't suspect that their clownish outward appearance was providing the entertainment.

Another American holiday, Labor Day, is observed on the first Monday in September, which also marks the end of the summer season. But summer can continue in Alexandria until the end of October. It's sad when the air temperature heats up to thirty degrees Celsius and you want to swim at your own outdoor pool or at a friend's apartment complex, but they all are subject to official closure the following day. Twenty-year-old lifeguards from among a number of foreign students are left without work for the remainder of the month and are in no hurry to return home to their native Bulgaria, Croatia, Ukraine, or other countries where it is easy to get a summer visa and undergo a certified physical exam. The only thing left to do is to rejoice for dog owners, some of whom wait for the pool to close to take advantage of a brief, second shift and bring their happy pets from home to go for an officially sanctioned swim in the largest pool at Robert's complex.

We brought both of our dogs there for several years in a row. But Pete was an Australian shepherd and therefore ambivalent toward the water. To be more precise, he generally was averse to water or afraid of it. Varya was the complete opposite. For her, a chocolate Labrador, being surrounded by water was paradise—and it wasn't important whether it was a creek, ocean, or swimming pool. Having seen the water, she shot off toward it from far away and so there were about twenty such daredevils like her in the pool. The owners threw them toys, which the dogs raced to snatch from each other with their teeth. There was noise and uproar all around with chaotic, relentless motion in the water. The young lifeguards were entertained watching the unusual scene transpiring, and patiently waited for the complex to close. In the meantime, the dog owners shared their joy and dreamed that this holiday would happen once again.

Freedom-Loving "Europeans"

I've always been drawn to Europe. She charmed me not only with her outward beauty and magnificent architecture, cultural heritage, unique, long history and distinctive traditions, but that degree of alluring freedom that I yearned for, having broken free from a onetime closed country with its *iron curtain*.

While traveling through different European countries, I try to speak the local language exclusively, which I can pick up on the fly without much difficulty. This was the case with the Greek language, when I visited Cyprus for a month in a distant 1991, with Italian at the beginning of the nineties, and several Slavic languages that fascinated me with their euphony and ease of pronunciation. But if I methodically studied Italian for three years and used it professionally, and had heard German, Polish, and Spanish within my own close circle, then French and Hungarian became genuinely difficult for me to assimilate. Although I could quickly catch a spoken phrase, it was the first time that the basics of grammar and structure turned out to be difficult for me to learn on the go. Moreover, I am very dynamic and impatient by nature. I love to achieve everything at once and cannot tolerate delays or failure. Nonetheless, France and Hungary really became enticing countries for me to travel to.

I believe in signs of fate. After viewing the new French entry during an international film festival at a major movie theater in Washington in the spring of a distant 2014, I won a prize—a free, month-long course of study within the confines of the French Cultural Center in our capital. I remember how proud I was of the fortunate coincidence and my unexpected good fortune. But circumstances interfered with my taking advantage of my winnings and I decided at the time that my studying French would have to take place at a later date. This is how I consoled myself, sincerely upset that I was unable to put my exceptional good luck to use.

But fate suddenly prepared yet another gift for me two and a half years later. A married couple among our Washington friends proposed accompanying them to a holiday soiree organized by the French Embassy in Washington in September 2016. Robert and I gladly accepted the invitation, dressed in summer casual (our summer season usually lasts from the end of May to the middle of October), and headed off for the event with music and dancing for the holders of not inexpensive, by invitation only tickets.

Upon entering, all the guests were offered to purchase lottery tickets. I insisted on buying two, although Robert didn't want to buy any at all.

The evening was in full swing when the cultural attaché, having interrupted a musical number, walked up to the microphone and announced the beginning of the lottery drawing. With the aid of a female colleague who was spinning the drum, they shouted out the numbers of the lucky winners, who received prizes in the form of French cosmetics, perfume, and wine sets. If you take into consideration the fact that each lottery ticket cost twenty dollars, entry tickets cost one hundred and fifty dollars, and there were more than three hundred guests in attendance, then it was not too hard to figure out that the organizers of this event within the walls of the embassy had clearly turned a profit.

We four friends watched everything going on and ironically commented on the lack of promised appetizers and prepared to step out to freshen our drinks, when we suddenly and surprisingly heard the announcement of the evening's grand prize—a free trip to France sponsored by the airline, Air France. They shouted out the number three times and no one was able to produce the winning ticket—because it was in my purse. I started to wave it from far away. They noticed me right away and nimbly ushered me up to the stage. After handing me a microphone, they began to question me as to who I was, what I did, and where I lived. I turned aside to Robert and pointed out my escort. They quickly brought him to the stage and placed him next to me, and then started to photograph us in front of a colorful, promotional back-drop. They handed us a voucher, had us sign three documents, and again began photographing us holding the voucher as they led us back to the auditorium accompanied by universal applause and music. I caught a few envious glances along the way, primarily from women. Only several minutes later did I realize what had happened. After believing that what was going on was real, I became ecstatic—as Robert and our friends sincerely did as well.

We worked out our flight with a representative from Air France and scheduled it for April 26, 2017, hoping to spend nearly a month in France and neighboring Spain. After our flight arrived in Paris, the only available car to rent was a late model, black Mercedes hatchback with manual transmission and no GPS. The most interesting adventures with regard to mastering new routes in an unfamiliar country lay in store for us, American linguists spoiled by different living conditions, and later forced many times to regret having a totally superficial knowledge of the euphonic and aristocratic French language.

After traveling through half of France and witnessing the election of the new president on live television while having dinner in Bordeaux, we decided to experience the neighboring country and headed for the Atlantic coastline. I remember how delighted I was listening to stories of northern Spain's amazing beauty and distinctive traditions from my deceased husband's Chris' uncle Juan Felipe, a Basque national who had a successful diplomatic career in America and served as the ambassador to Montevideo.

After exiting the main highway, we wound up in San Sebastian. The day was spring-like and cool, but pleasant and sunny. We decided to look at all of the beaches in this renowned resort city where royal family members like to vacation, and having parked our car in an underground garage, went for a stroll along the promenade. There were only a few people relaxing on the beach because it was very brisk and windy. Our attention was drawn to several bare-breasted, mature women who basked in the sun and meditated in frozen poses with their eyes shut as they sat in the sand. Next to these women, who maintained a decent distance between one another, obediently sat their dogs, who were either sleepy or simply bored by having to sit next to their owners for such a long time. It seemed as though the dogs were also meditating, having adopted the mood of passively resting people. The picture I saw was touching and uplifting.

A small neighboring city charmed us with its beauty. Biarritz is somewhat reminiscent of Monte Carlo with its luxury, but more accustomed to a quieter, more measured life within. It was very disconcerting in an underground garage shaped like a snail with an unusually low ceiling and constricted passage. It was extremely difficult to exit along the spiral because our long car barely made it along the narrow lane that was intended for much smaller cars.

After passing yet another interesting coastal city, Bilbao, we decided to rest along the Bay of Biscay and chose to stop at the small town of Hondarribia. We spent three unforgettable days there. If it wasn't enough that no one in this locale spoke English, the few tourists who were there spoke Spanish. This distinguished them from the local Basques, who used their own language exclusively. Just two street musicians and the young hotel clerk at a tiny, central hotel (where we spent the night and later extended our stay for another three days), made an exception and spoke to us in completely broken English. The musicians readily reacted to our generous donations and performed several Beatles songs. Thanks to us, onlookers surrounded them, and then were joined later by other grateful listeners for whom singing in a foreign language was unique and festive.

All the remaining days we never stopped being surprised by the unhurried local residents and their dogs that we saw on the streets. It was the first time in our lives that we watched as a small dog minced behind its slowly walking owner. It seemed as though the middle-aged man was ignoring it. But all the same you could sense the close bond between them. The animal had a smooth coat and was medium-sized. The dog had a narrow collar but followed its owner off leash. It didn't receive any commands. When the man stopped at an intersection and waited for the light to change, his dog came up even to him and sat at a distance, frozen in anticipation. The owner only once honored his dog with a glance, not uttering a single word. As soon as the signal turned to green, they moved forward in unison while crossing the busy part of the road. And now they were already walking together, almost next to each other.

Curiously, dogs walked along other streets of this small town without leashes. And some of them were ordinarily without owners, walking all by themselves and even using the outdoor escalators by themselves! We were simply dumbfounded when a small, neatly groomed dog minced along a narrow path among random pedestrians and suddenly stopped to begin waiting for the green light all by itself. When everyone began to cross the road, it joined the crowd of people and began to do the exact same thing. But what shocked us wasn't only that. Its further route continued along the opposite side of the street, which it had crossed on its own. After crossing the street, it began to rush toward a glass elevator that went up a high hill where the old part of the city extended, which did not attract many tourists due to neglect. Small, dilapidated houses on the hillside could be seen from afar. The quick-witted little dog jumped into the glass cabin and began to patiently wait for passengers. Very soon after, an elderly pair of strangers stepped in. They pressed the button while allowing the intelligent animal to join their company. Just moments later they found themselves at the upper section of town. It was obvious that the dog's home was right there. As soon as the elevator stopped, the dog tore off running from the glass cabin, hurried farther along, and that's the last we saw of it.

Amazing Hungary and its Friendly Inhabitants

W e definitely would have continued our travels through our favorite European countries had it not been for the pandemic. The fear of falling ill or being stranded somewhere in quarantine, yet alone in a foreign country, acutely altered our future plans.

The last foreign country that we most recently frequently visited was Hungary. We discovered the most beautiful city, Budapest—which we love with all our hearts and which we admire not only for its unique, grandiose architecture. We made friends there with whom we maintain a warm relationship. We love everything about this city, even if the buildings' upkeep is lacking due to the paucity of the municipal budget. But how everything within is so wonderfully situated and structured. We've walked back and forth throughout the city at various times of the year during four visits and were always certain to discover something new that made a lasting, indelible impression.

Budapest—a city of culture, adventure, and romance. People of all ages live comfortably in the city. It's even very carefree for dogs. And they, just as in northern Spain, roam the streets unleashed and behave in an exemplary and proper manner. However, they don't walk alone, but in entire groups and get along peacefully while representing various breeds.

One rainy, autumn day we decided to go for a walk and headed off away from our building across a square in the direction of an open pharmacy on the corner of another large apartment building. A young woman wiping off raindrops slowed down in front of the entrance to the pharmacy as four dogs of different sizes and different breeds stopped next to her. They all patiently waited a command and attentively watched their owner. We only heard a single phrase cast out in Hungarian, "Sia!" (*Ciao!*). People usually exchange this greeting upon meeting or saying good-bye. But this was strangely addressed to dogs and so we glanced at each other in bewilderment. Afterward, the woman disappeared behind the heavy, wooden door of the old building. The four friendly dogs sat down together on the wet asphalt and didn't show the slightest sign of discomfort. It seemed as though the situation was so routine and familiar for them that there was absolutely nothing to worry about.

While observing this friendly company, we noticed that they all were well-groomed pets wearing different colored collars and their names engraved on attached metal tags.

The smallest in size, a dachshund named Lilly, seemed to be the most lovable and affectionate. Despite the persistent, freezing rain, her little face expressed a smile and a sense of peace. A light grey, sinewy Alfred sat next to her deep in tranquil thought.

He was the largest and therefore gave the impression of being the leader. The pair of others appeared to be Basset hounds and intently watched all that was going on. Both dogs gently wagged their tails as we approached but didn't stir from place.

We spent about ten minutes inside the pharmacy and saw the very same dogs upon exiting. They continued to patiently wait for their owner. After deciding to wait for the finale, we stopped at a distance and began to observe the imperturbable serenity of the attractive animals.

The young woman finally walked out of the entrance and onto the street after concluding her business. The dogs immediately surrounded her and the entire company of friends continued along a route known only to themselves.

It seems I've finally learned the secret of happy dogs—they need to experience freedom of movement and live in Europe!

Bernard and His Domain

We surely would have continued our travels through our favorite European countries had it not been for the pandemic. The fear of falling ill or being stranded somewhere in quarantine, yet alone in a foreign country, acutely altered our plans for the future.

In contrast to Italy, everything in France was proper and seemly. This, of course, is mainly in reference to dogs' behavior, rather than people's, which every country has a wide variety of.

We decided to spend the remaining four days left at the city's renowned surroundings and the museum-estates of the most famous French Impressionists before returning to Paris, and from there taking a flight home to Washington. Miraculously, we found and reserved part of a home for a temporary stay on the outskirts of Giverny, which was drowning in fragrant rosebushes. Having had difficulty locating the house, we started to wait for the owners because we had been warned not to occupy it before four o'clock in the afternoon. In the beginning, our patient waiting lasted over an hour. We had already begun to worry while rechecking the address and printed directions. The elderly, female owner finally approached us in a large, black car, which she carefully helped her dog, a Rottweiler, to get out from. After apologizing for making us wait for so long, and realizing that we were Americans, the woman explained that she had taken her dog to the veterinarian because it had suddenly fallen ill. The poor dog looked truly exhausted, was sluggish, and apathetic toward what was going on. They had pumped it with medicine, and it needed rest. Despite its menacing appearance, the poor thing moved slowly and didn't pose any danger to us at all.

We took advantage of an invitation to step inside the home, which looked like a museum filled with antique furniture. After offering us water and again apologizing several times for the inconvenience she had caused, the woman came up with a surprising offer. Having explained that her dog could suddenly begin to react inappropriately with strangers in the house once the medication wore off, she asked if we wouldn't mind if she called her friend in the neighboring village to see if we could stay at her estate. Needless to say, we agreed, even if we were hungry at the time and worn out after a long drive and standing in the sun for such a long time waiting for the owner.

While in Normandy, we never expected that we would end up within three kilometers of what is universally recognized as the most beautiful village in France. It was there where we were directed to go. We just had to find the home mentioned at its specific address. Only about five hundred people live there, so our search didn't last long. In the beginning, we turned our attention to a high, ivy-covered stone wall. Two peacocks ruled over the massive wall, one of which fanned its luxurious, long tail feathers.The peacocks had a sense of confidence befitting rare pet birds. Nothing frightened or alarmed them. I had never seen such a live decoration at a house before. The place we were looking for turned out to be within one hundred meters of the massive wall. The wrought iron relief gates were swung wide open. It was as though they were expecting us. A big sandy dog was lying in front of the main entrance with its front paws majestically crossed. It calmly allowed us to drive onto its territory and park the car in the driveway. As soon as we got out of the car, the dog started to bark, and the owners appeared on the porch. They both looked to be in their 70's. Both Collette and Richard had a pleasant appearance and radiated friendliness and readiness to receive us into their home.

Street signs indicated that we were in Sainte Genevieve le Gasny. What struck us was something else—the house looked like a real castle. They gave us an entire wing on the third floor. The attic was on the fourth, and above that a roof with towers. We both had our own bedroom with an adjoining room—a living room with fireplace. The owners lived in a neighboring wing and only used the kitchen on the first floor of the main building, which they allowed us to occupy. The kitchen/dining room windows faced a meadow with a manicured garden of rapturous beauty. It seemed to us that the meadow extended out to the horizon and so the centuries-old trees lining it appeared to be model toys. There was a stream along the meadow with three small bridges, which we liked to walk across to watch the lilies floating on the surface. We still hadn't been to the garden estate of Claude Monet, but the entire staggering scene before our eyes reminded us of his delightful, airy landscapes. And the famous locale turned out to be five kilometers in all from Gasny. We planned to go there in two days.

Collette and Richard kindly offered us to have dinner on the lawn in a wooden gazebo with a small table, provided everything necessary, and were only interested as to whether we would join them for breakfast. We gratefully accepted and continued to behold everything around with admiration. We both experienced a state of true happiness and had trouble believing in the reality of what was happening. Two roan horses grazed on the far bank of the stream and crowned this idyll with their silent presence.

We awoke in the morning to blissful quiet. Only the sound of birds singing came through the open window, which delighted the ear and could be listened to forever.

After breakfast, Richard led us on a guided tour of his limitless territory and pointed out the pride of his family for many generations—an old water wheel mill. Loud water gushed from the mill wheel into the stream, where it became calm and smooth on the surface.

Despite our brief acquaintance, the owners, having preliminarily taken us to the grocery store, entrusted their home to us for half a day. It was unlocked, and we had free range of the dining area or any other part of the estate. They just left us the dog.

Bernard continued to behave imperturbably calmly. His favorite spot was on the shiny, polished stone porch at the great doors of the main entrance. But when the sun was at its zenith, the hound quietly relocated to the lawn and provided us with pleasant company while purposely not drawing near to us. He behaved peacefully and seemingly was fulfilling the customary role of a reliable home sentry.

The next day, we drove not far from home and already within ten minutes were able to relish the captivating view of the stately, full-flowing Seine from high above. The old La Roche Guyon fortress, a pilgrimage site for many tourists, arose on the hillside. We limited our walk to its adjacent grounds and climbed up along narrow, mountain alleyways, looking at the gates of old, private estates and the manor houses hidden behind them.

After returning to our paradisiacal night's lodging towards evening, we were pleasantly surprised by our canine acquaintance's display of friendliness. The handsome dog wagged his tail when we appeared and came out to meet us with his owners. Four years later, we still remember Gasny, Normandy, and France with brilliant nostalgia as Collette, Richard, and Bernard appear before our eyes.

A Pandemic Holiday

Very many people were at a loss during the summer of 2020. A wave of the sinister pandemic seemed to be in recession, but there still wasn't a life-saving vaccine that would have promised safety and security. Nonetheless, everyone tried to spend most of the time outdoors, even under mandatory mask-wearing conditions.

The heat already began to set in during the middle of June, and by July it became difficult to bear. Travel restrictions complicated the situation. You could go anywhere you wanted by car, regardless of the distance, but no one was waiting to see us anywhere. Hotels were partially open, but their sharply soaring prices, as well as the fear of becoming infected inside their walls, frightened people off.

My 60th birthday occurred at the end of July. Despite the pandemic situation, I wanted to escape from being confined to my apartment, celebrate my jubilee, and make it as memorable as possible. I prodded Robert to go to the Atlantic seashore. After searching for a long time, we managed to find a small, two-bedroom rental apartment in a large, three-floor guest house in Ocean City. Just a three-night stay cost quite a bit of money. But we reached a compromise—we could lower expenses if we were to bring basic grocery items from home and prepare meals for the first day. The day before leaving, I made pies and baked chicken cutlets. We usually buy seasonal vegetables and fruit along the way to the ocean at large, local farmer markets. After gathering up everything necessary and grabbing a big bag of alcohol-based disinfectants, masks, and rubber gloves, we headed off for a four-hour drive in the unbearable heat hoping to spend a nice, brief vacation next to the cool and restless sea.

Our view of the shore from the second floor was entrancing. We settled very close to the beach and were able just to cross the threshold of our apartment, walk along a wide terrace, go down the stairs, and endure approximately fifty meters of hot sand to end up at the water.

At the peak of the summer season, dogs are allowed on the beach only before ten o'clock in the morning and after five in the early evening, but these rules were violated during our stay. There were a few dogs, and they were all near the water because the sand literally burned both feet and paws.

Robert lovingly decorated our temporary lodging and part of the railing of the common terrace outside our apartment. He spent several hours creating a garland of multi-colored balloons, which he diligently blew up and tied together. As a result of his efforts, the entire interior of our apartment transformed and took on a festive appearance. The only thing left to do was to set the table and find a suitable place in the shade for a late lunch. I set the table on the terrace, where we had noticed summer furniture for two. We arranged everything for a real feast and settled back in deep folding chairs.

Our late lunch smoothly transitioned into an early dinner when I brought out warm, savory chicken cutlets to go with the pies and salad. There turned out to be too much food even for a small group gathering. There were only two of us and so we decided to remove the large dishes from the table and put them in the refrigerator for a little later in the evening.

While we were alone discussing options as to how we would meet the twilight and spend the following day, an elderly looking couple appeared at the end of the terrace with a big German shepherd on a long leash. After greeting each other from a distance, we realized that we were far from being alone in this sparsely inhabited building. In the meantime, the completely friendly couple remarked that their stern dog liked us, sensing the presence of good people. To confirm what they said was true, the shepherd peacefully wagged its tail and was ready to greet both of us, having pulled its nice owners toward our side.

Several seconds later it became obvious that we had clearly attracted the dog's attention. The large male dog suddenly ripped away from its owners' hands and swiftly ran up to us with the long leash trailing behind. Not expecting such a zealous greeting and lightning-quick encounter with an unknown animal, we were unable to react in a normal way. I felt the dog's hot breath at first on my knees, where it buried its nose, and a moment later—a gaping mouth was above my homemade cutlets. The hustling shepherd managed to gulp down five of the remaining six cutlets in one fell swoop. And it could have cared less about the first impression that, in the owners' words, we had made on it.

Nothing human turned out to be alien to him, not even food intended for a holiday picnic. Of course, this flattered me as a hostess, but I was somewhat frightened by its treachery.

I love dogs very much, especially those that are brought up well—those, like people, that exude friendliness rather than aggression. They can be small and affectionate, big and clumsy, frowning, happy, pensive, or comical. I love to observe their habits, divine their personalities, and follow their developing characters.

If I were a dog, I surely would choose my own master and a lifestyle that would not restrict my reasonable desires. And these desires would always remain the same—to be healthy and loved, which means to be happy.

www.ingramcontent.com/pod-product-compliance
Lightning Source LLC
Chambersburg PA
CBHW072200270326
41930CB00011B/2493